# GIOCHI
# AD AVVENTURA
# ADULTI

## LABIRINTI PER ADULTI

**ActivityCrusades**

Pubblicato da Speedy Publishing Canada Limited

1

2

3

4

9

11

13

14

15

17

18

19

21

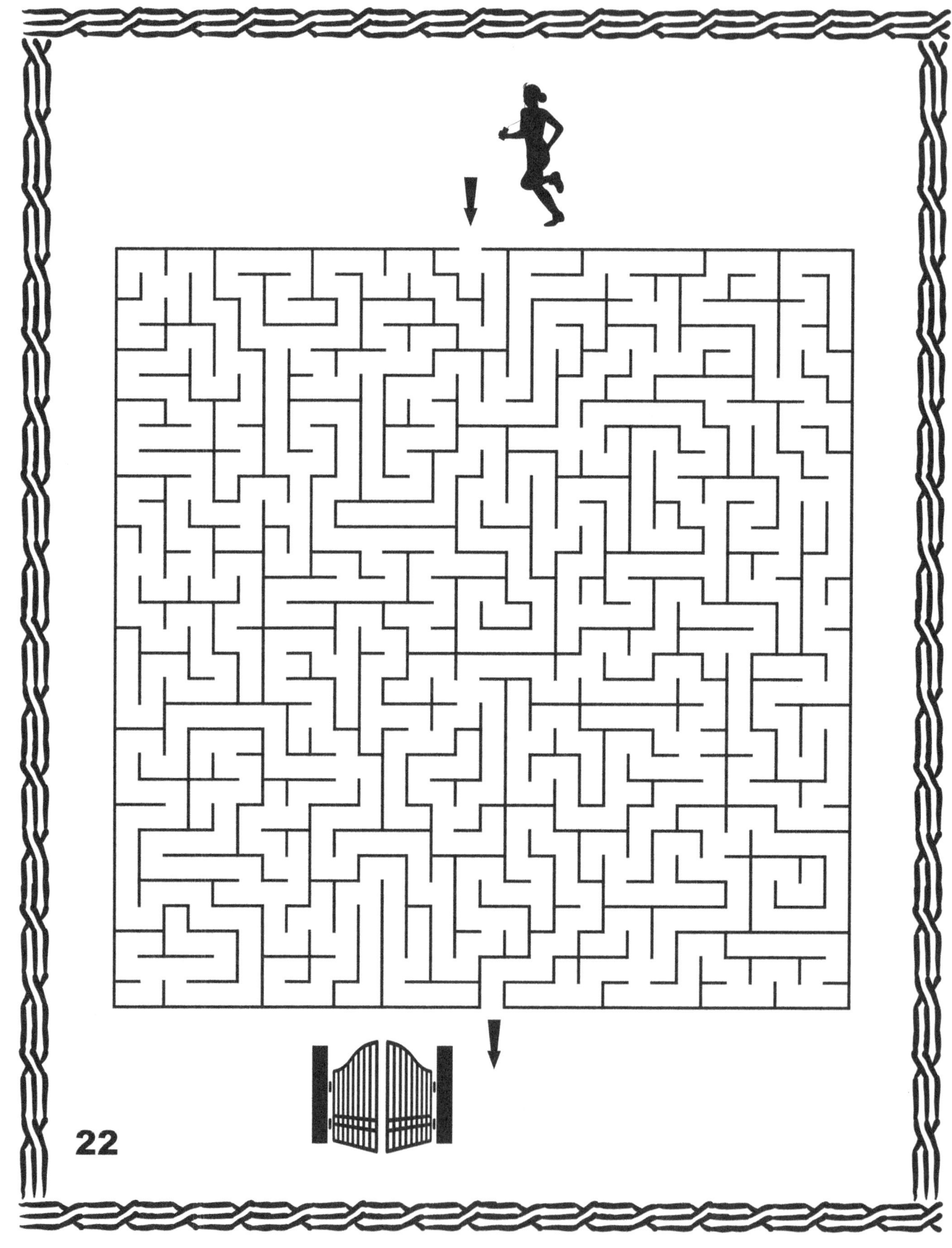

23

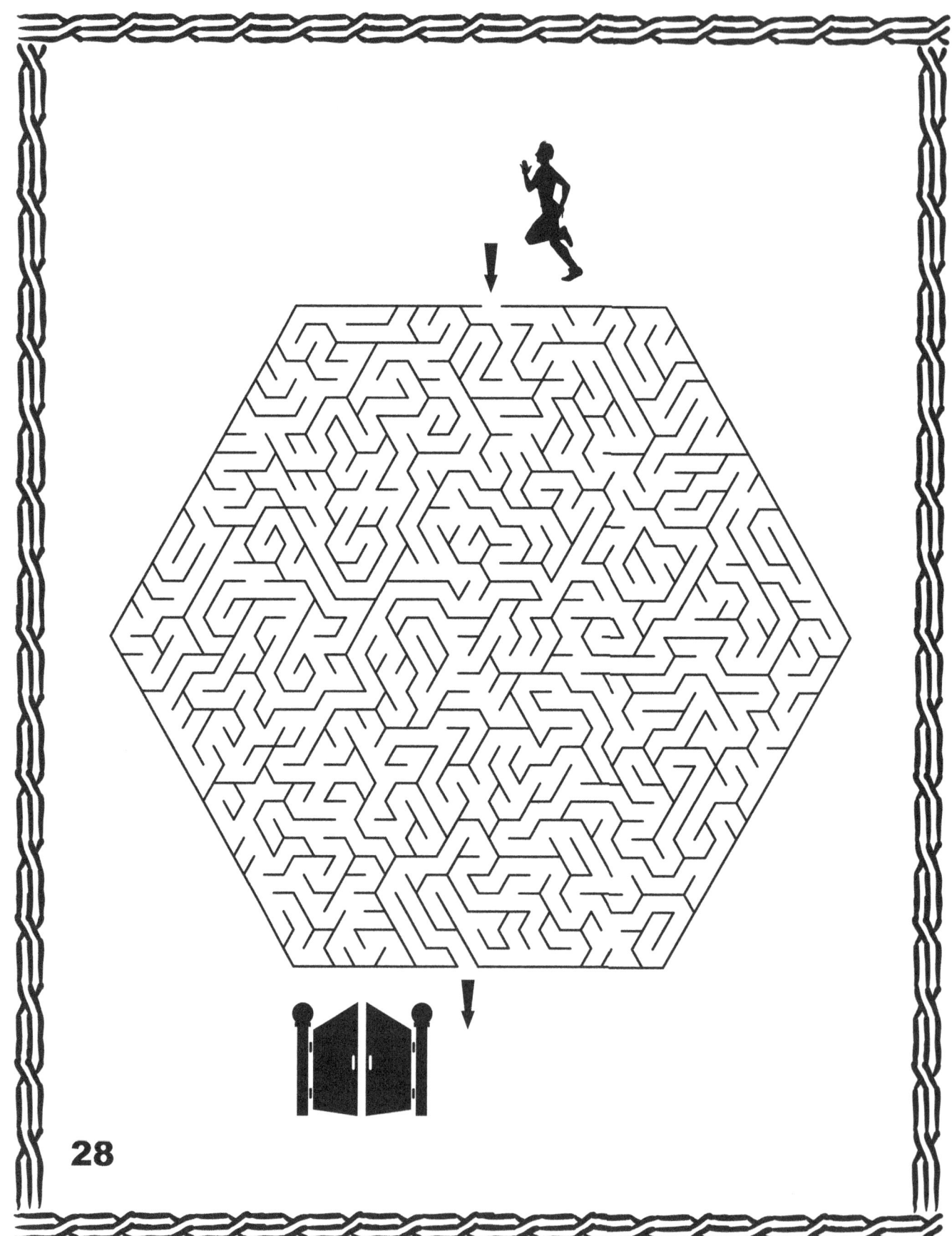

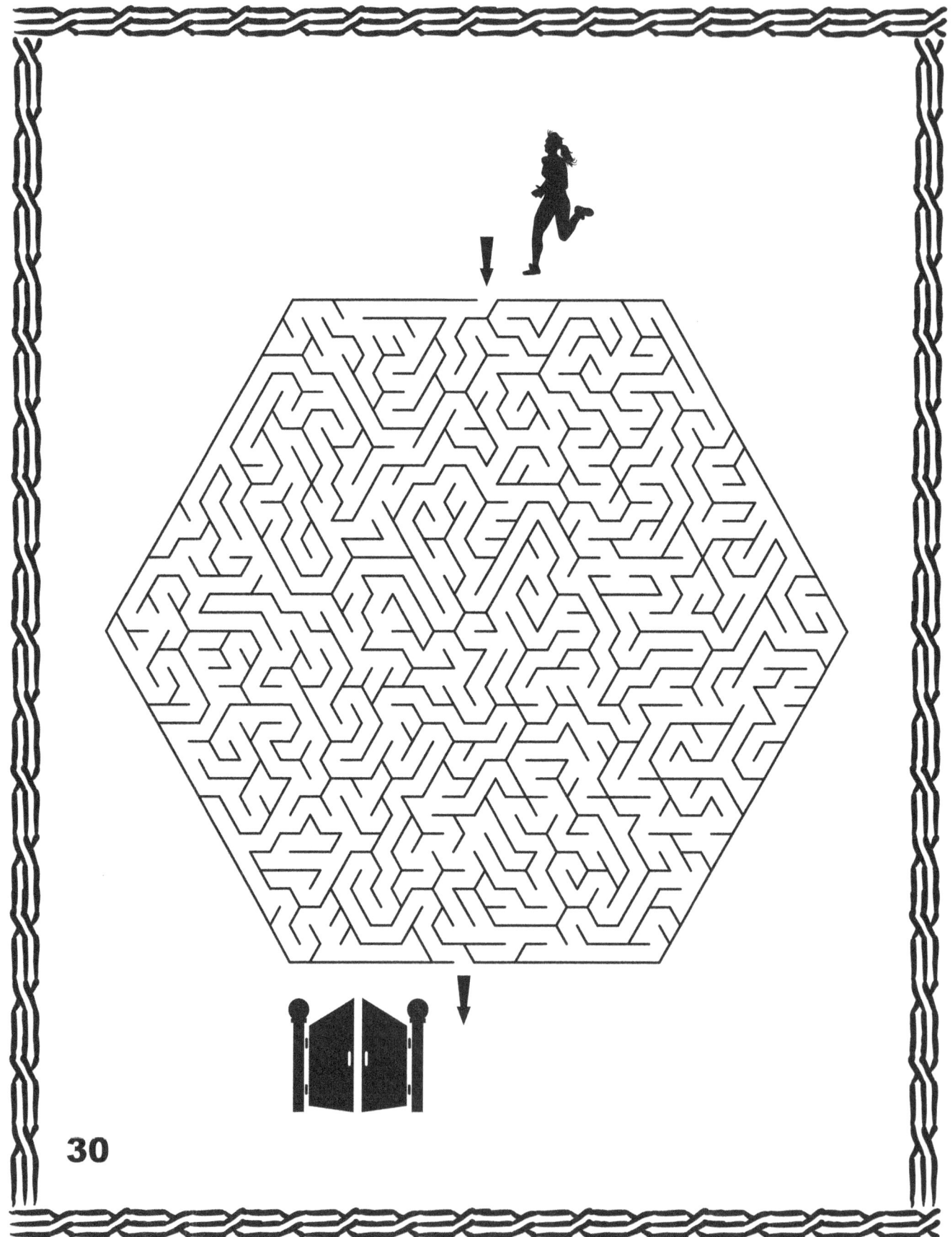

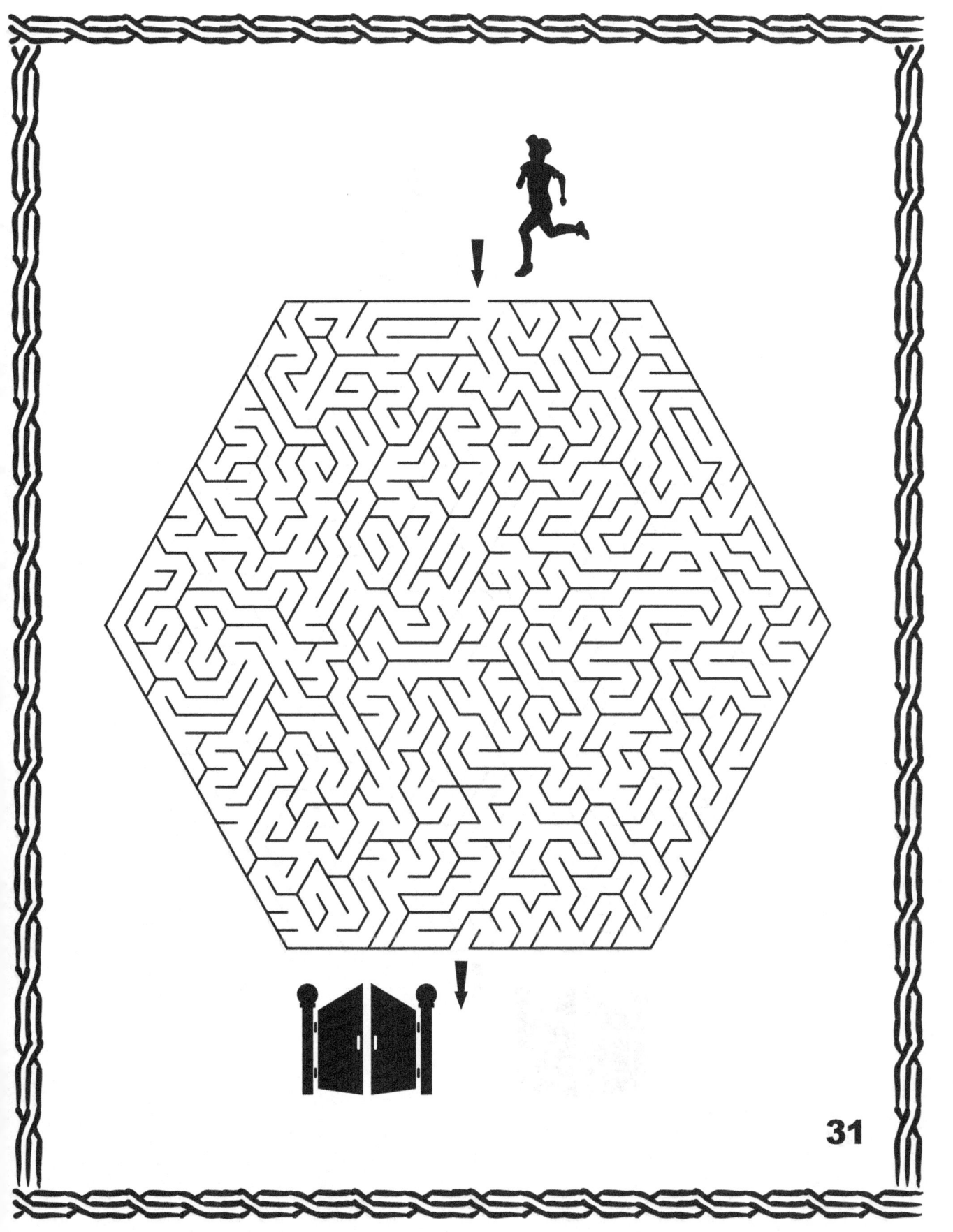

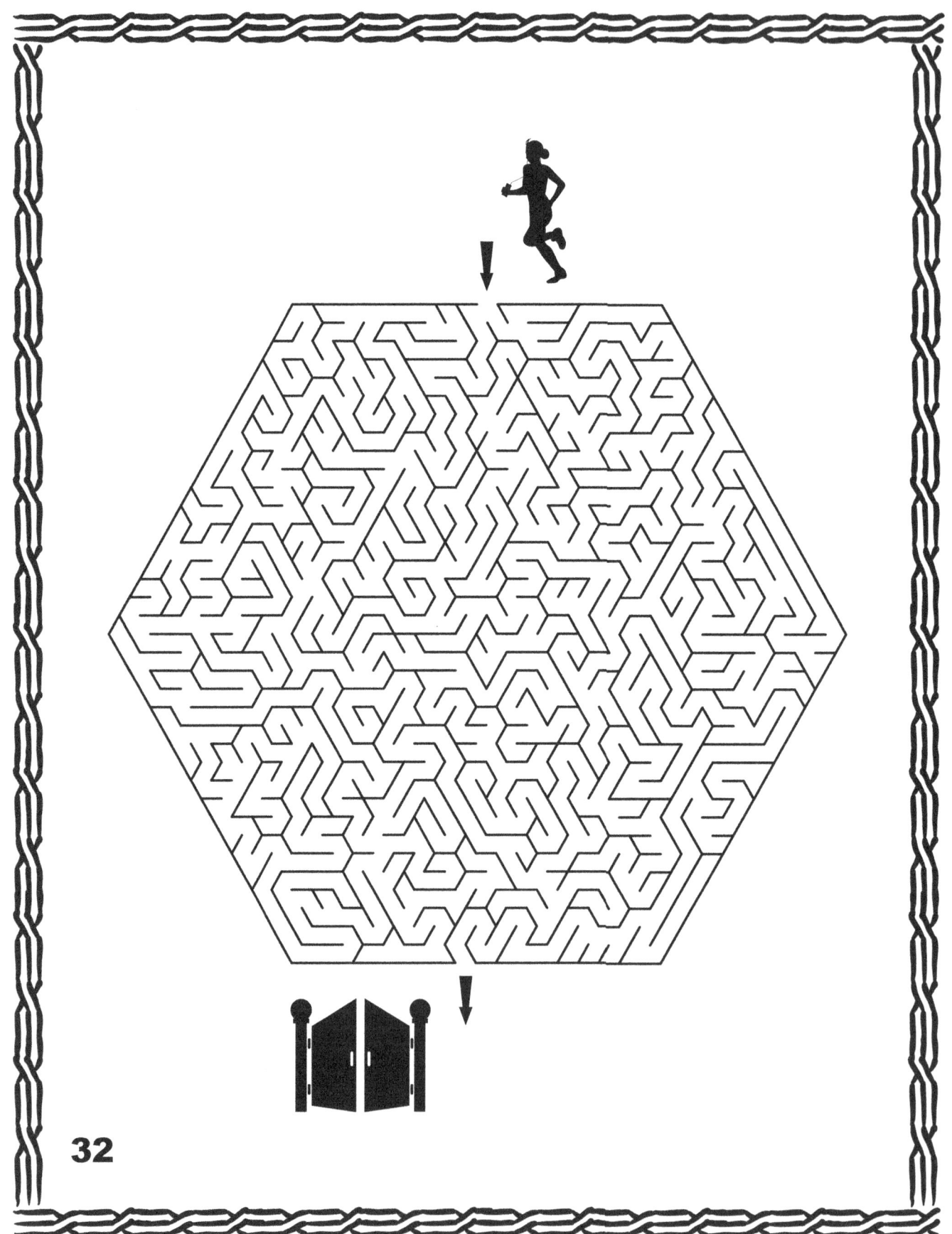

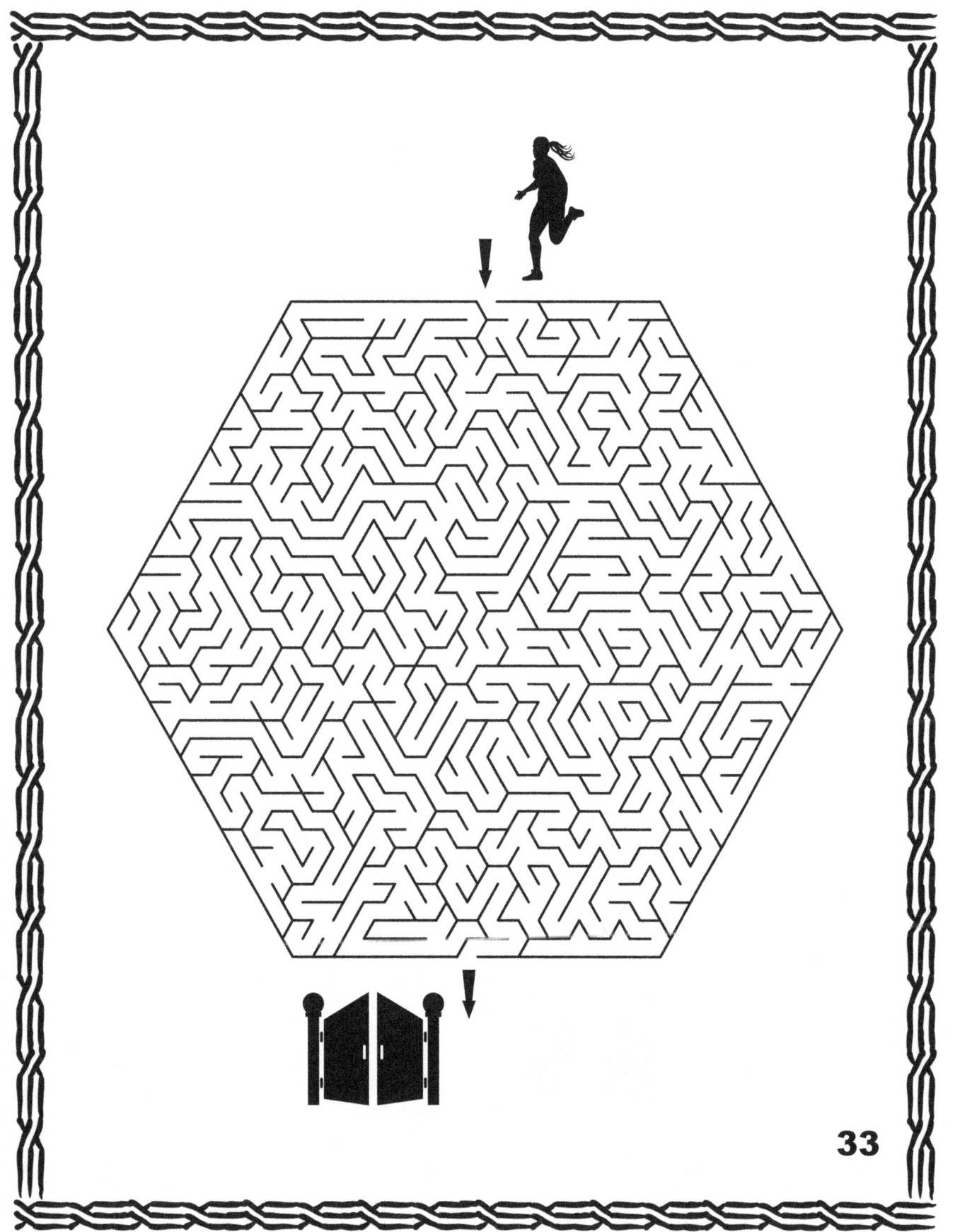

33

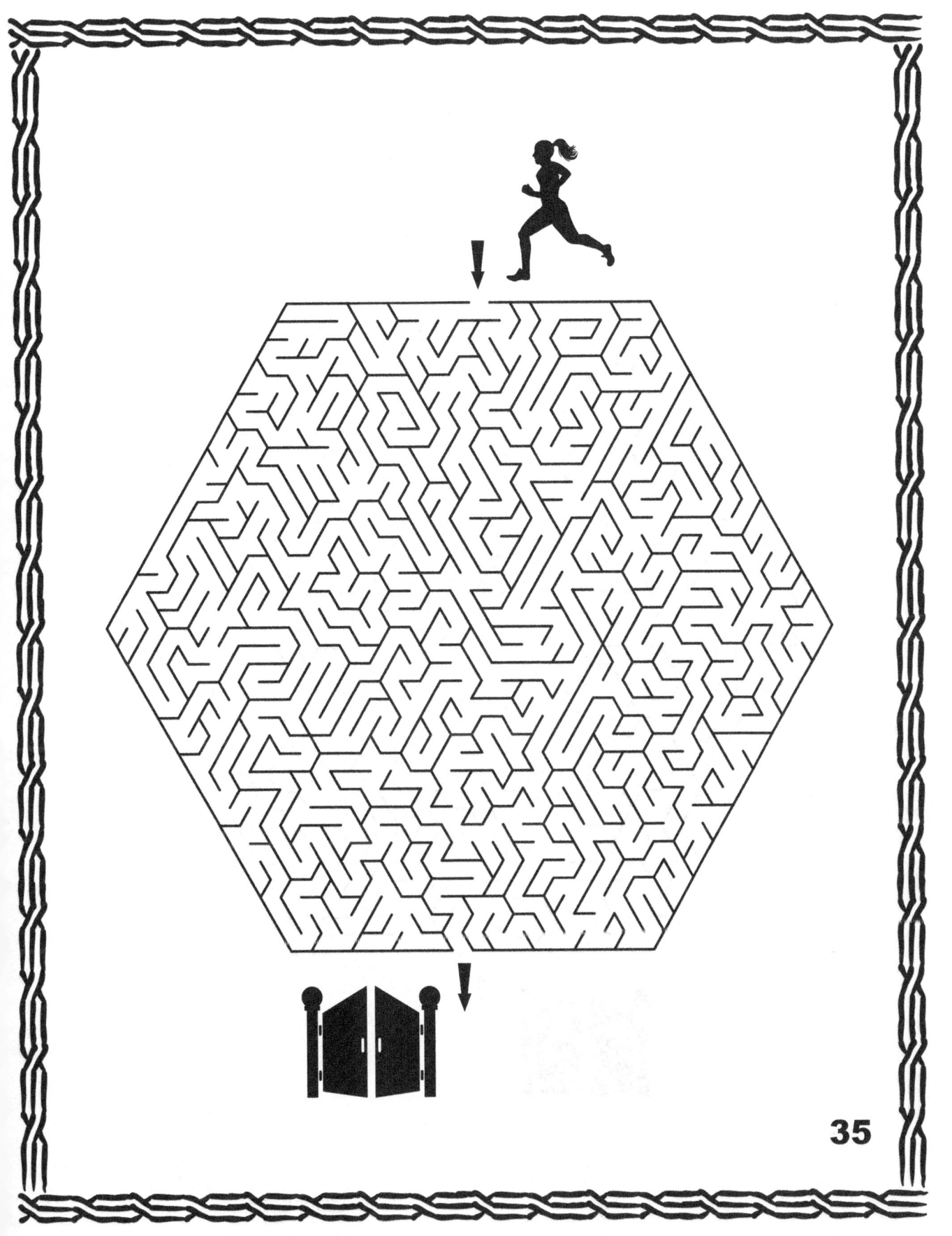

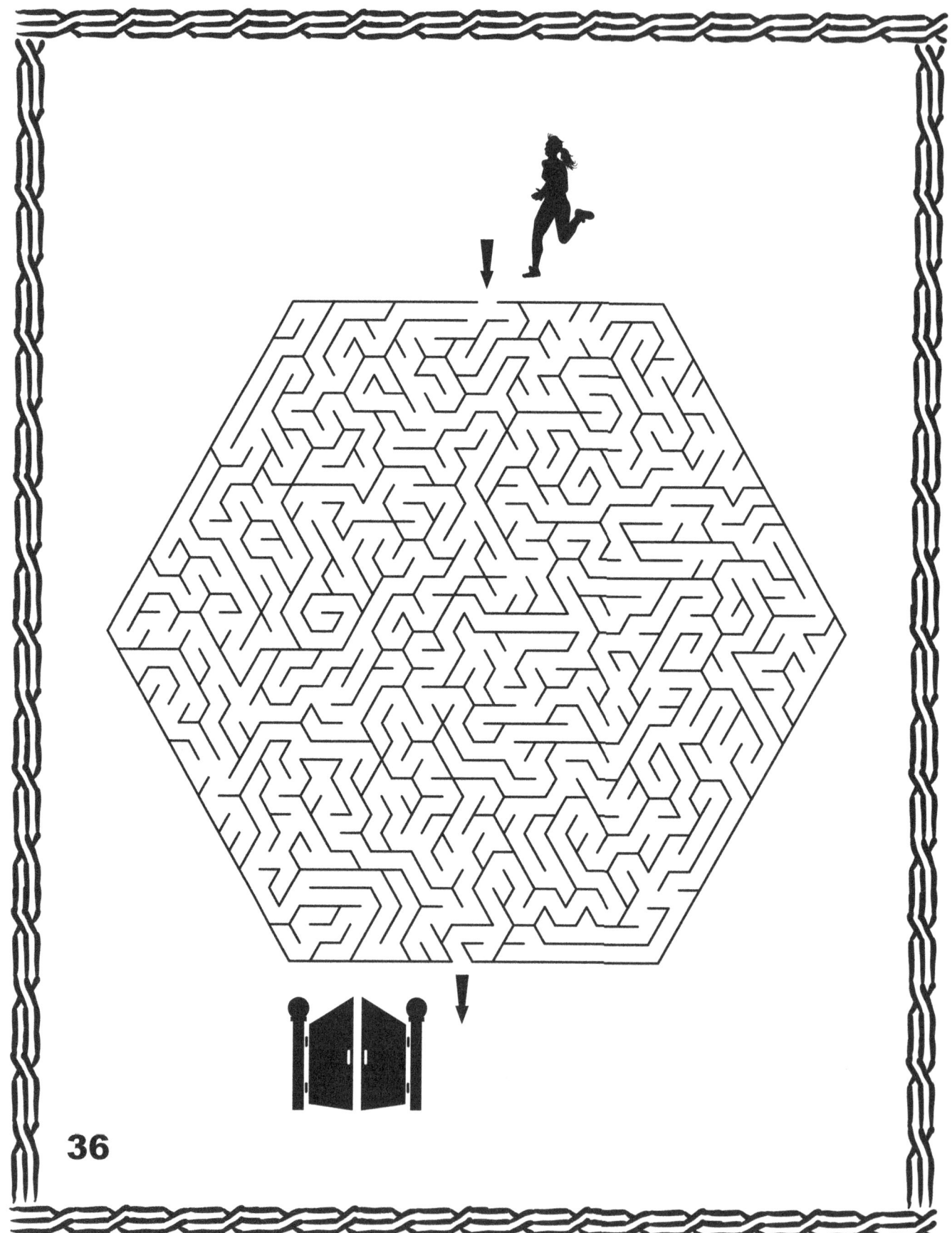

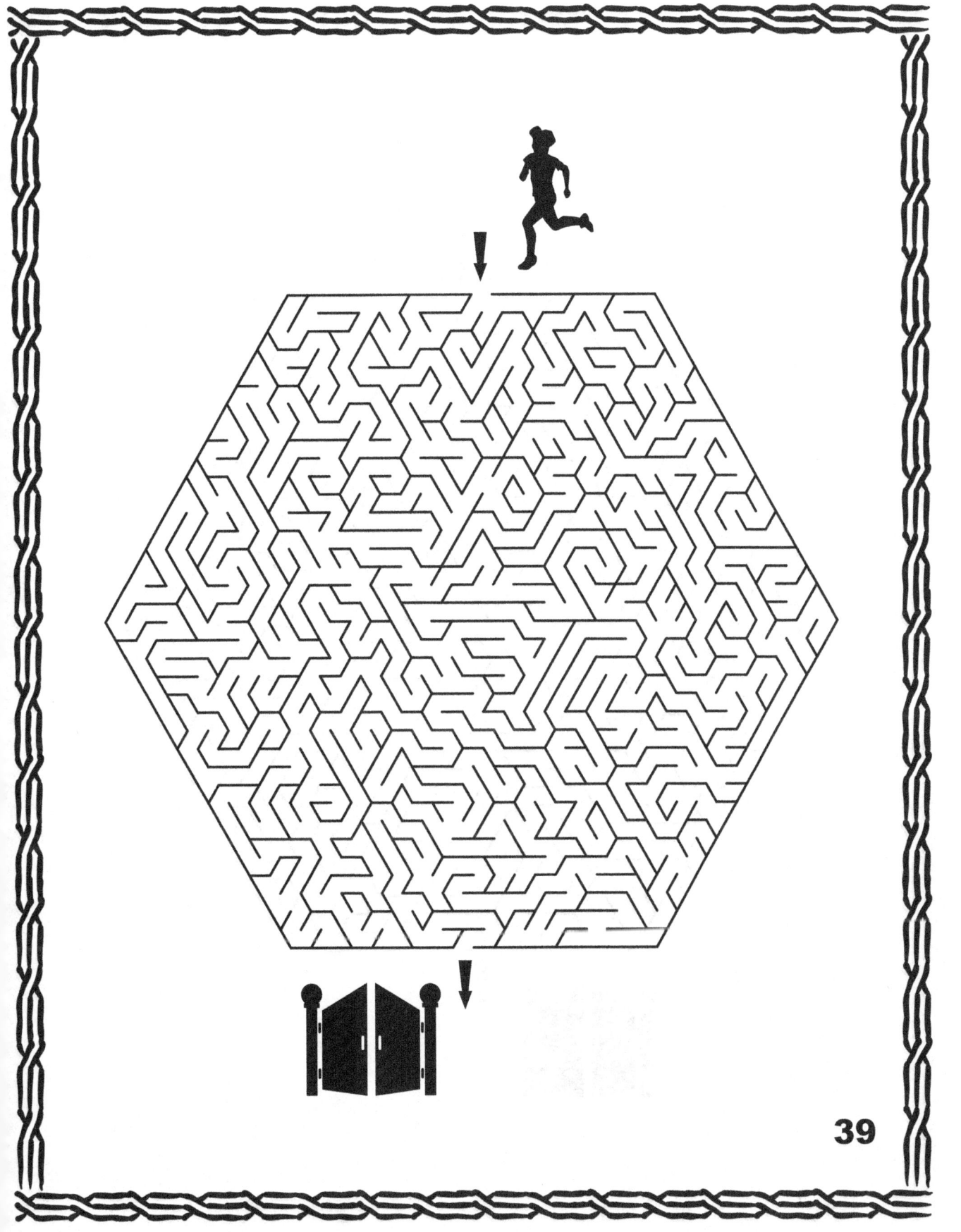

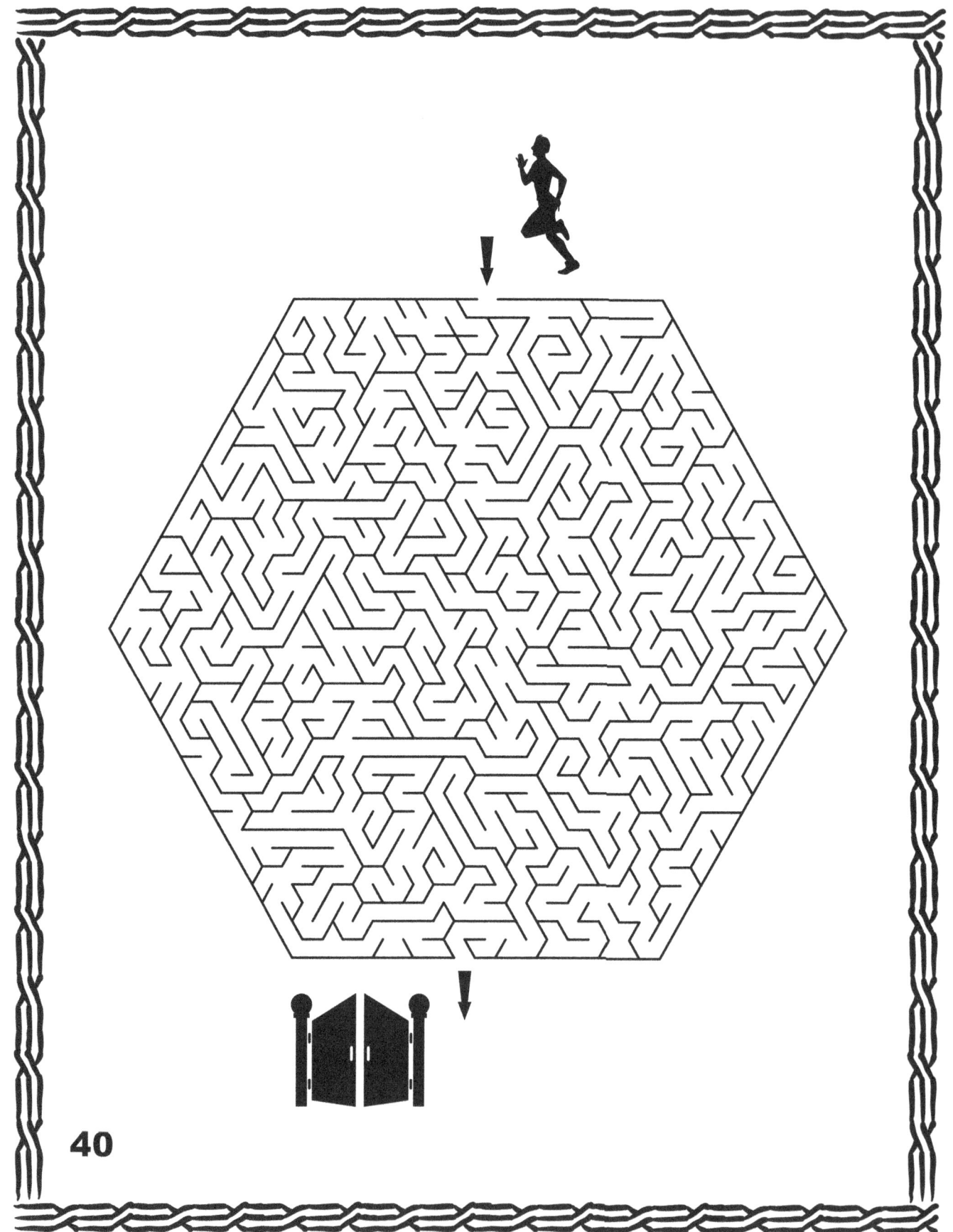

41

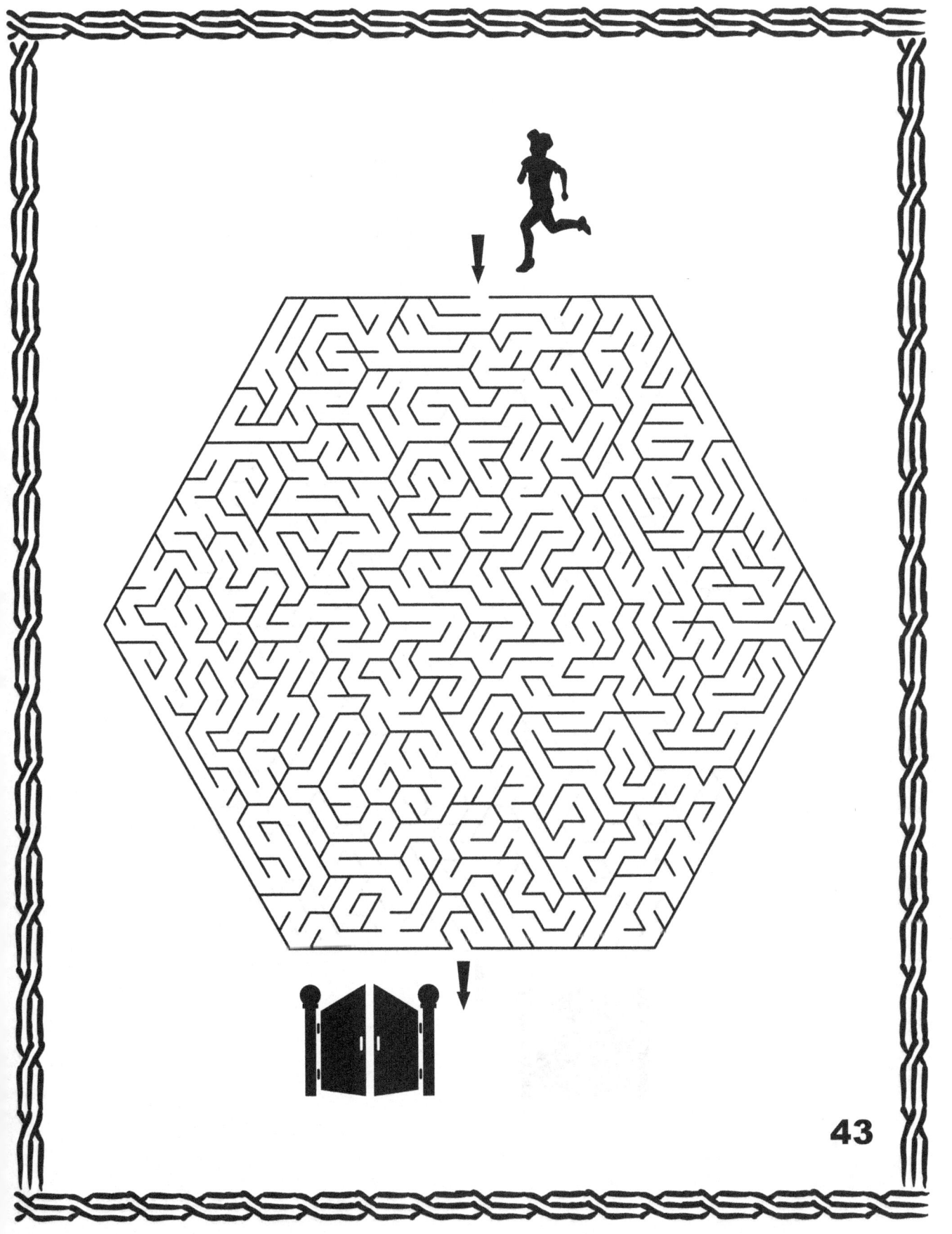

43

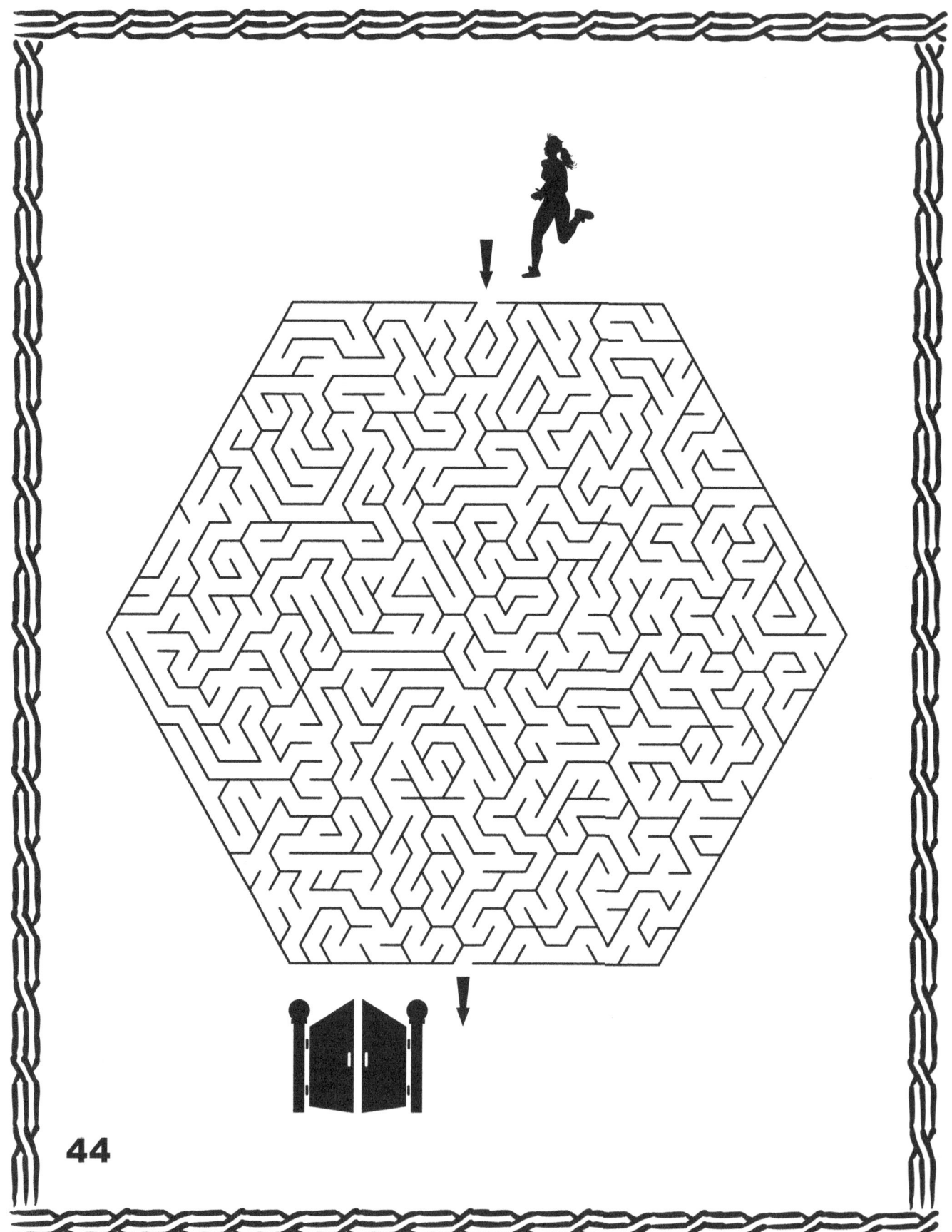

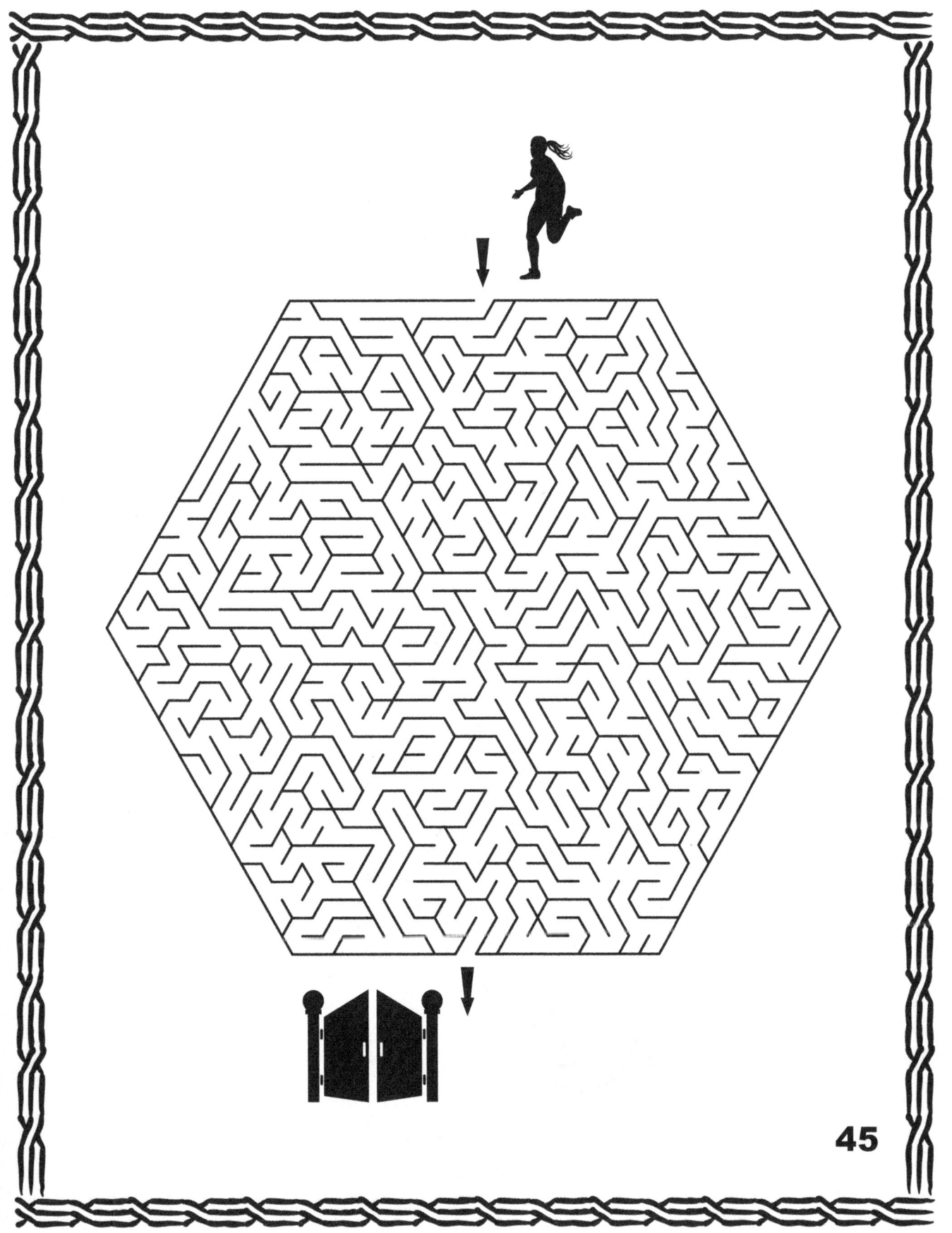

45

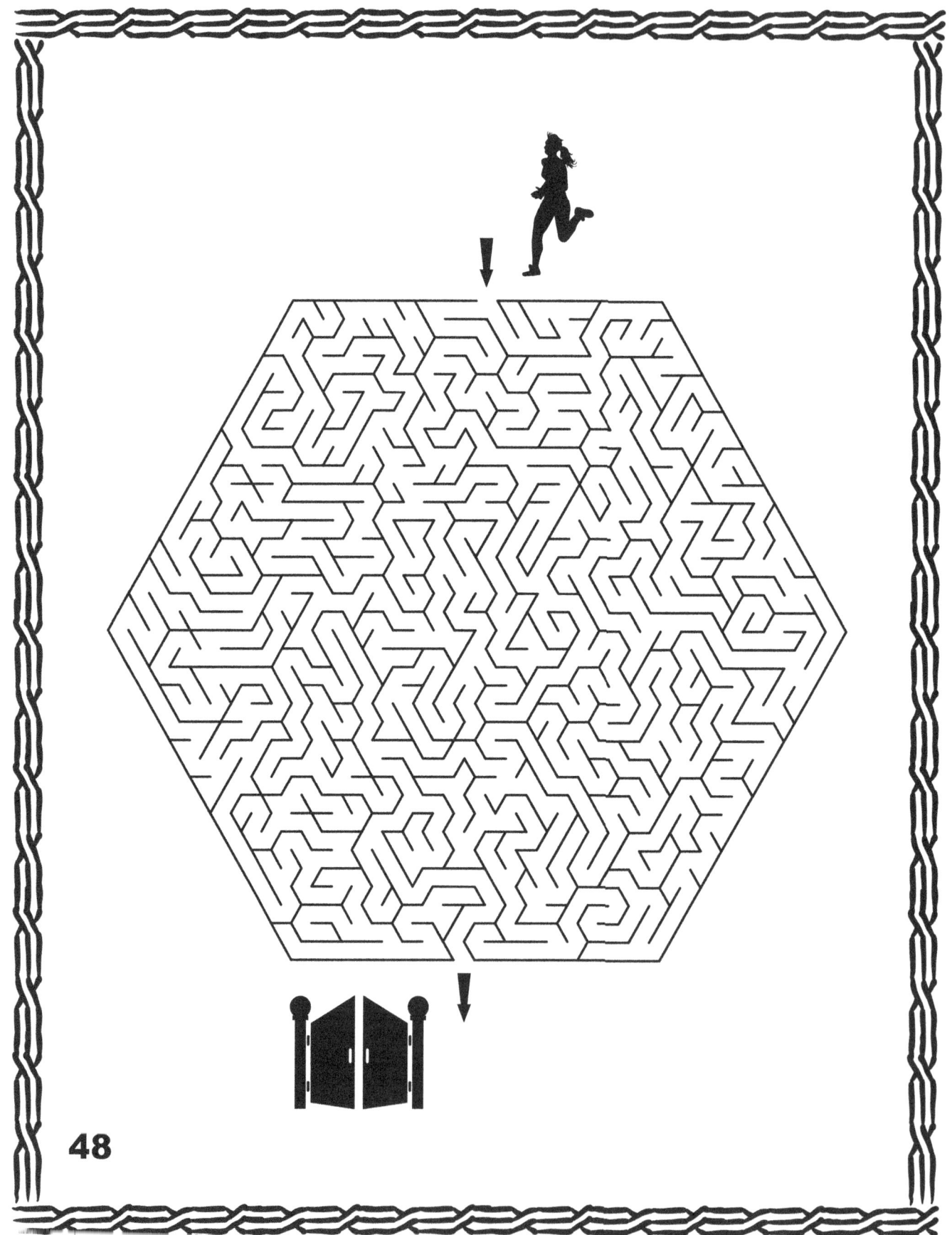

49

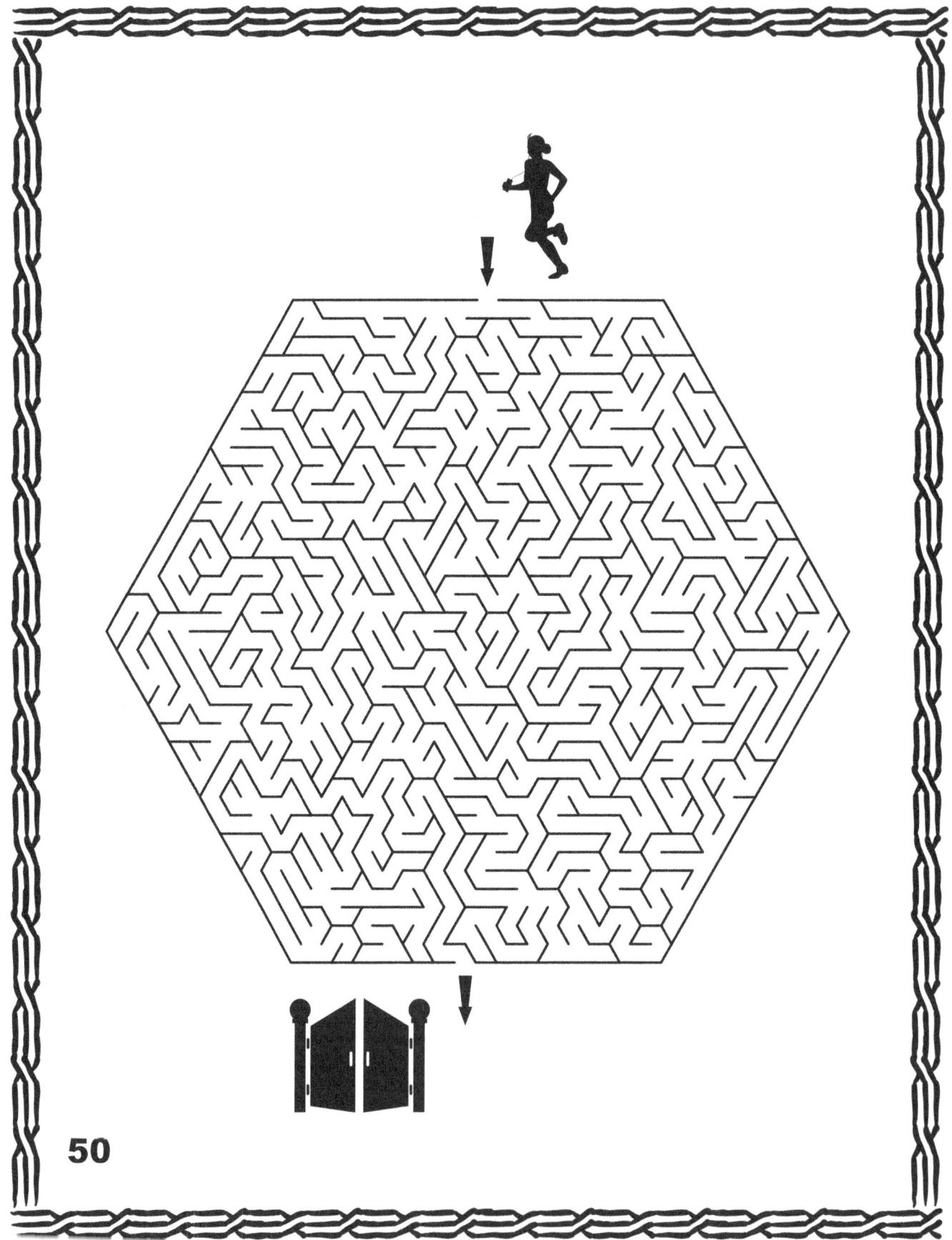

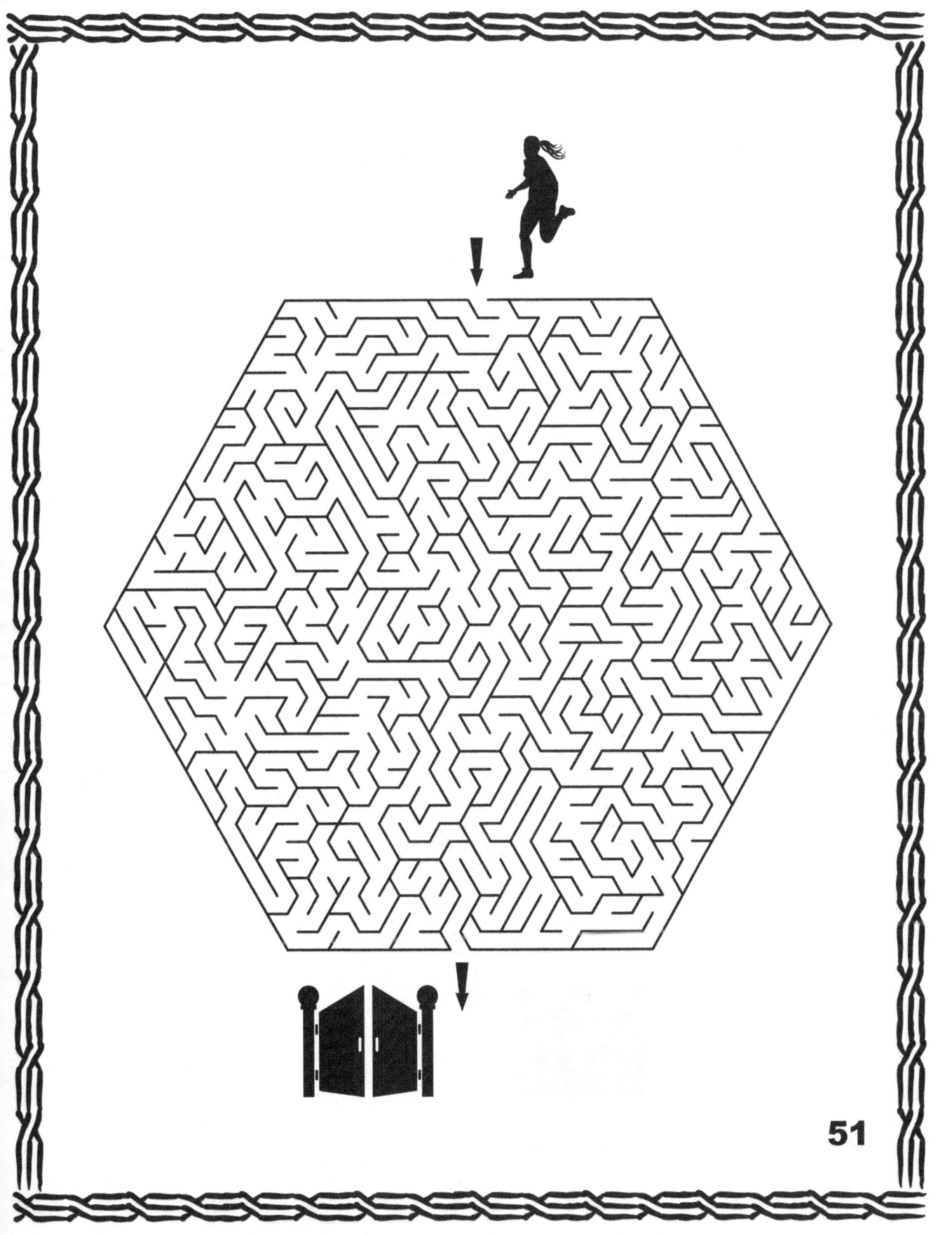

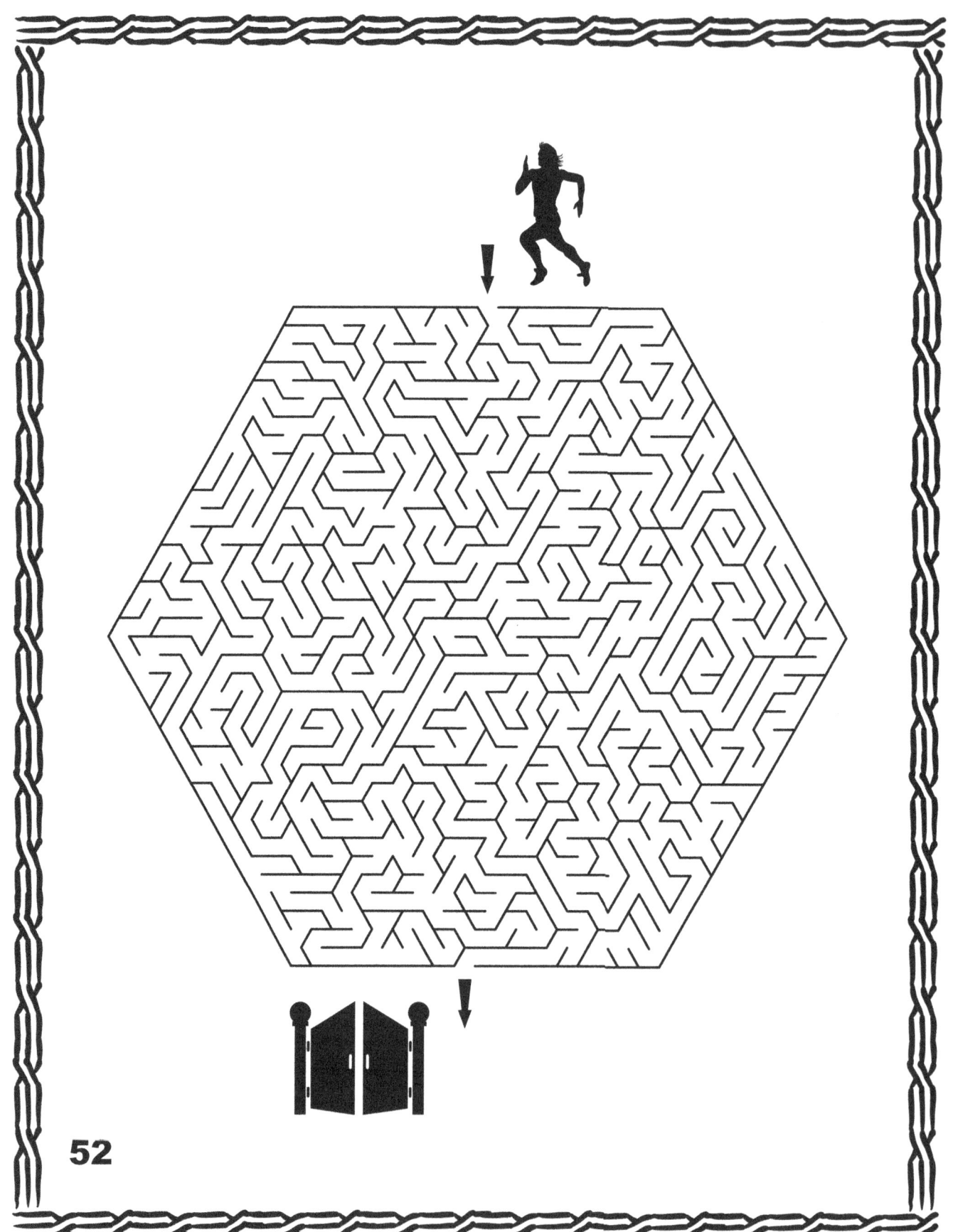

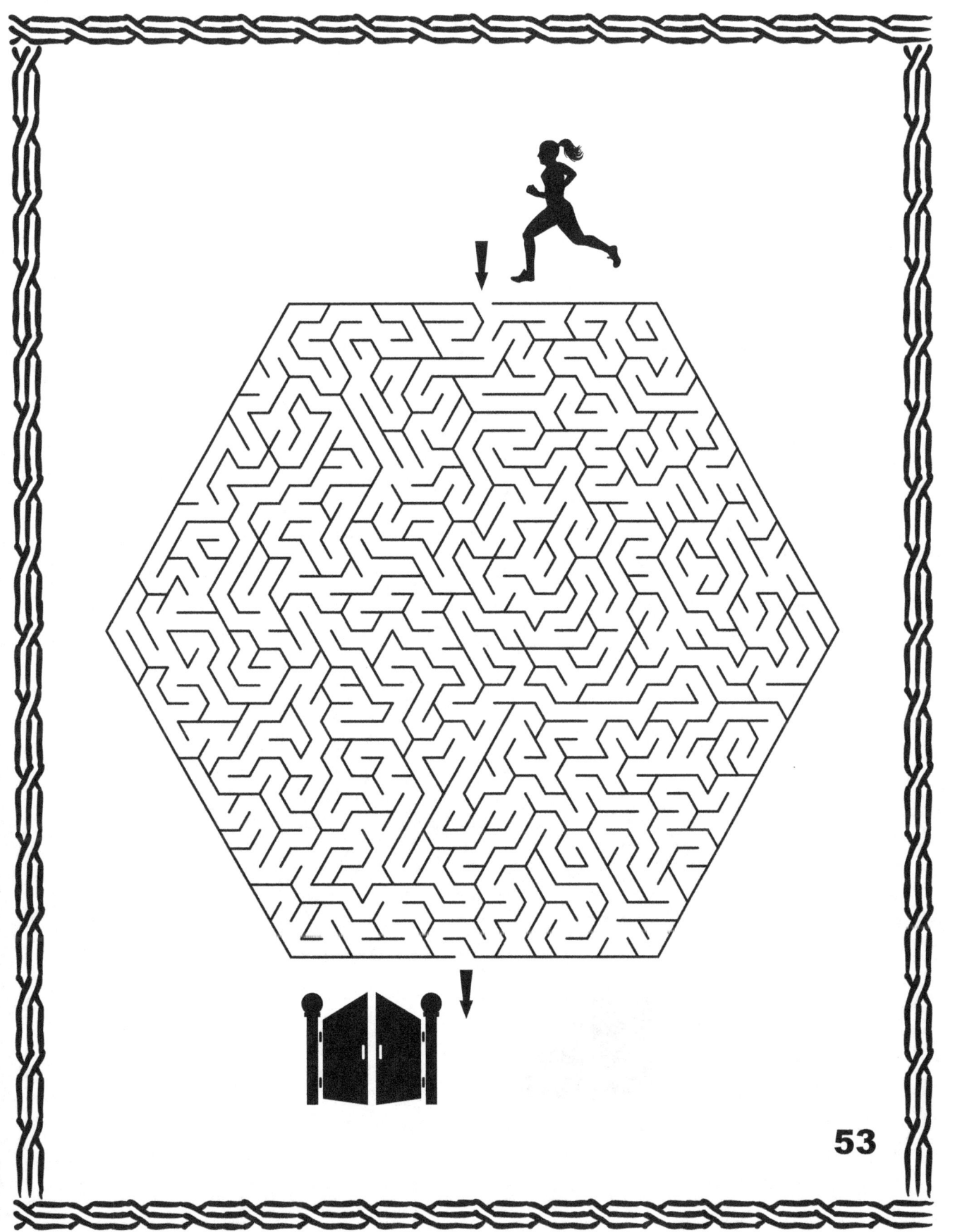

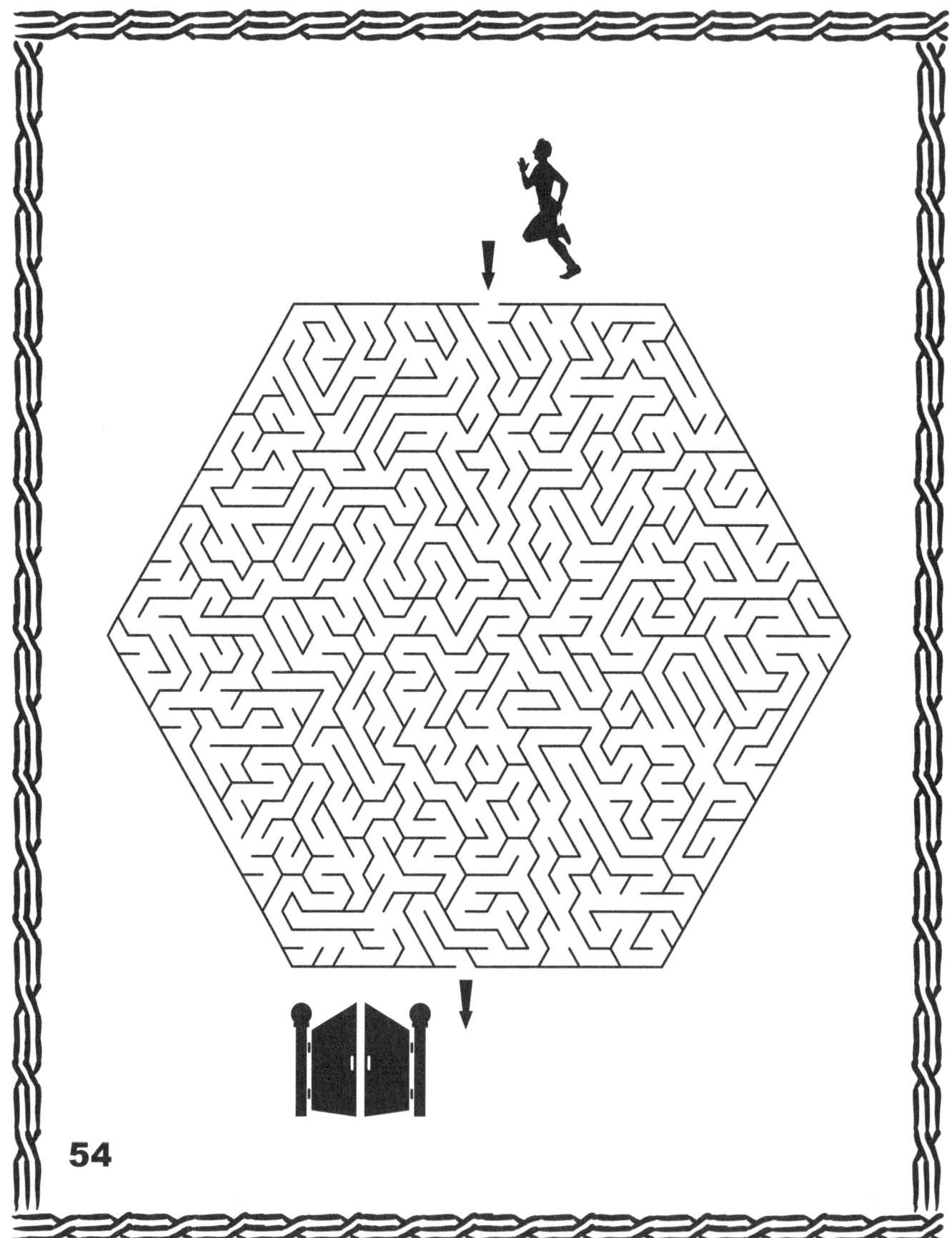

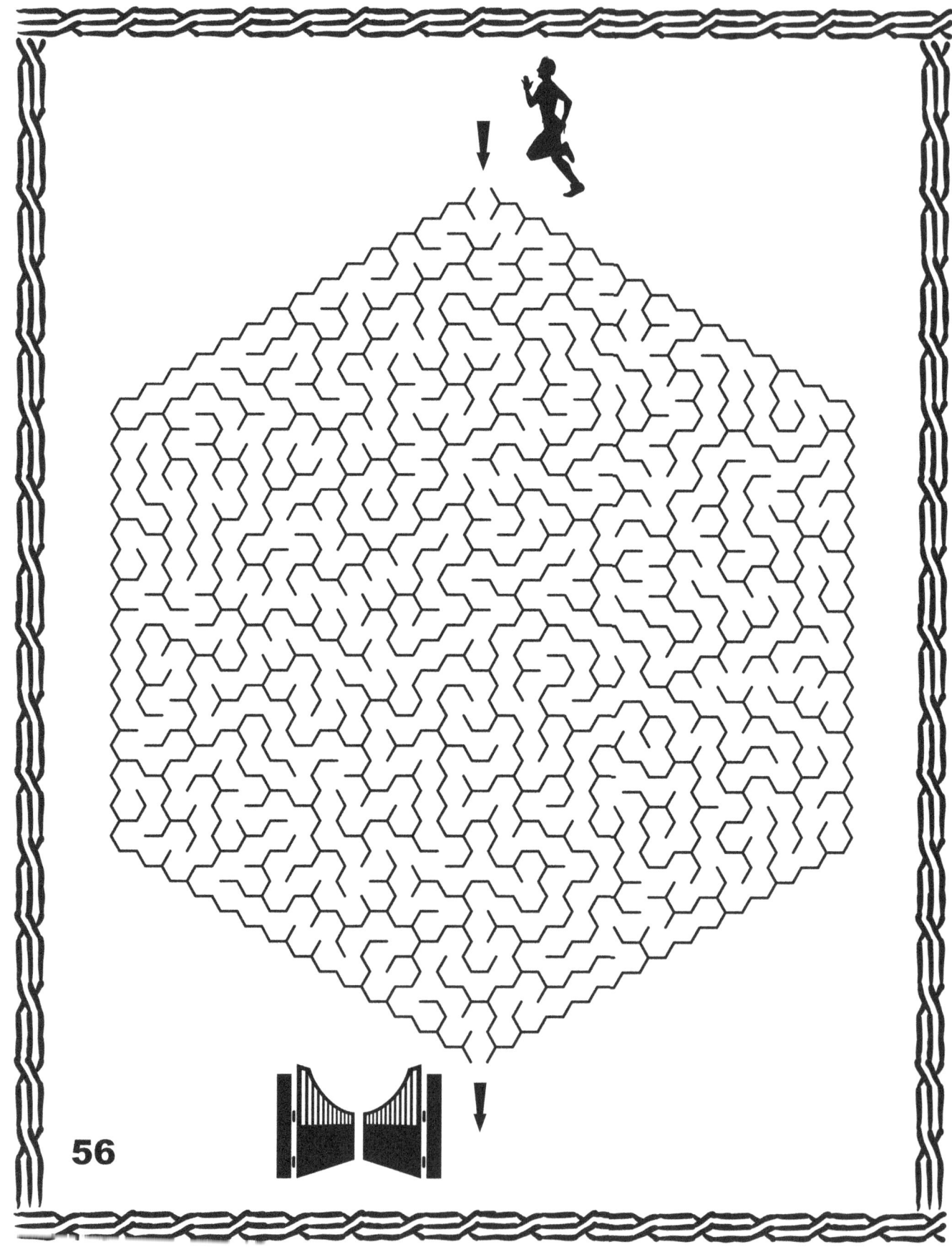

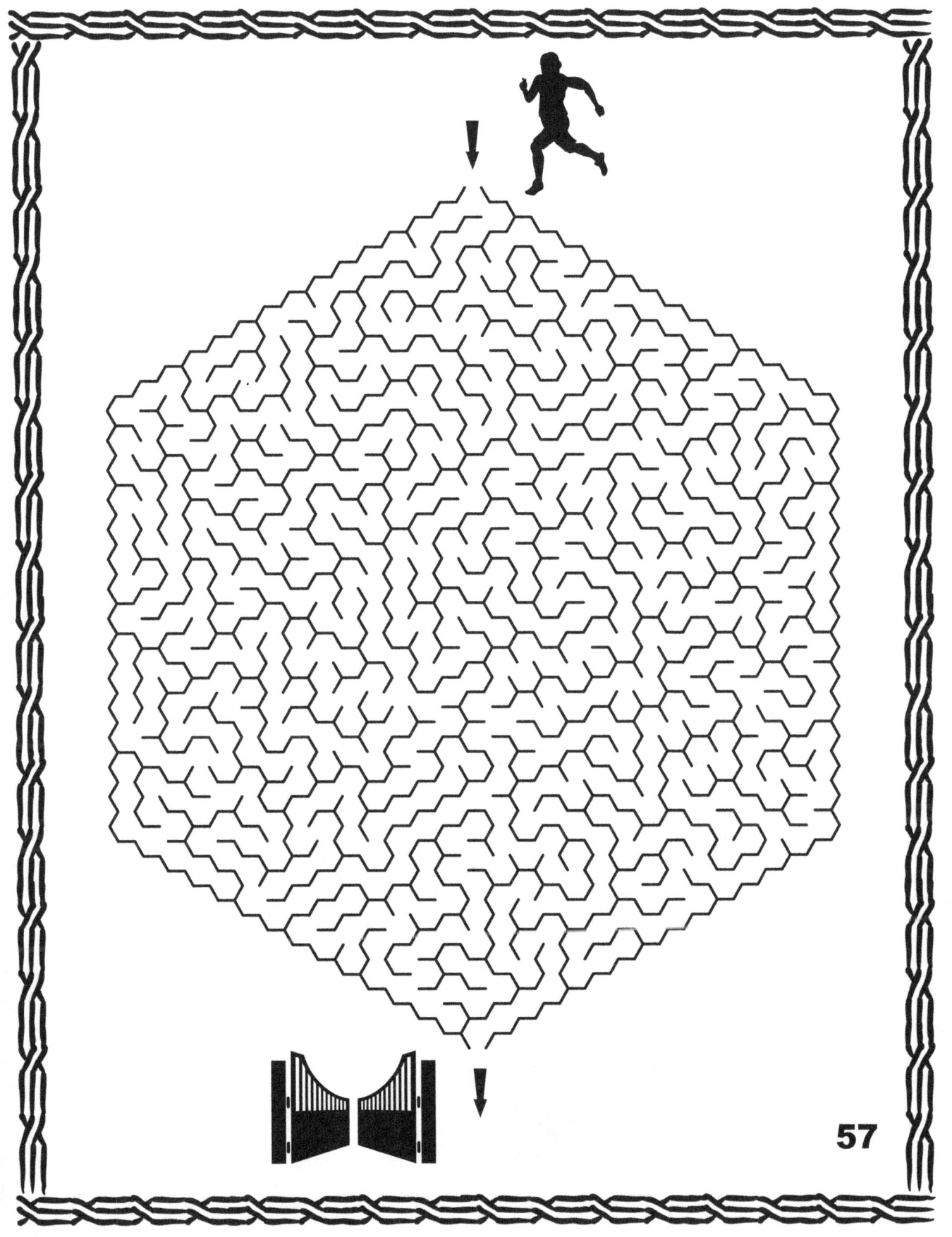

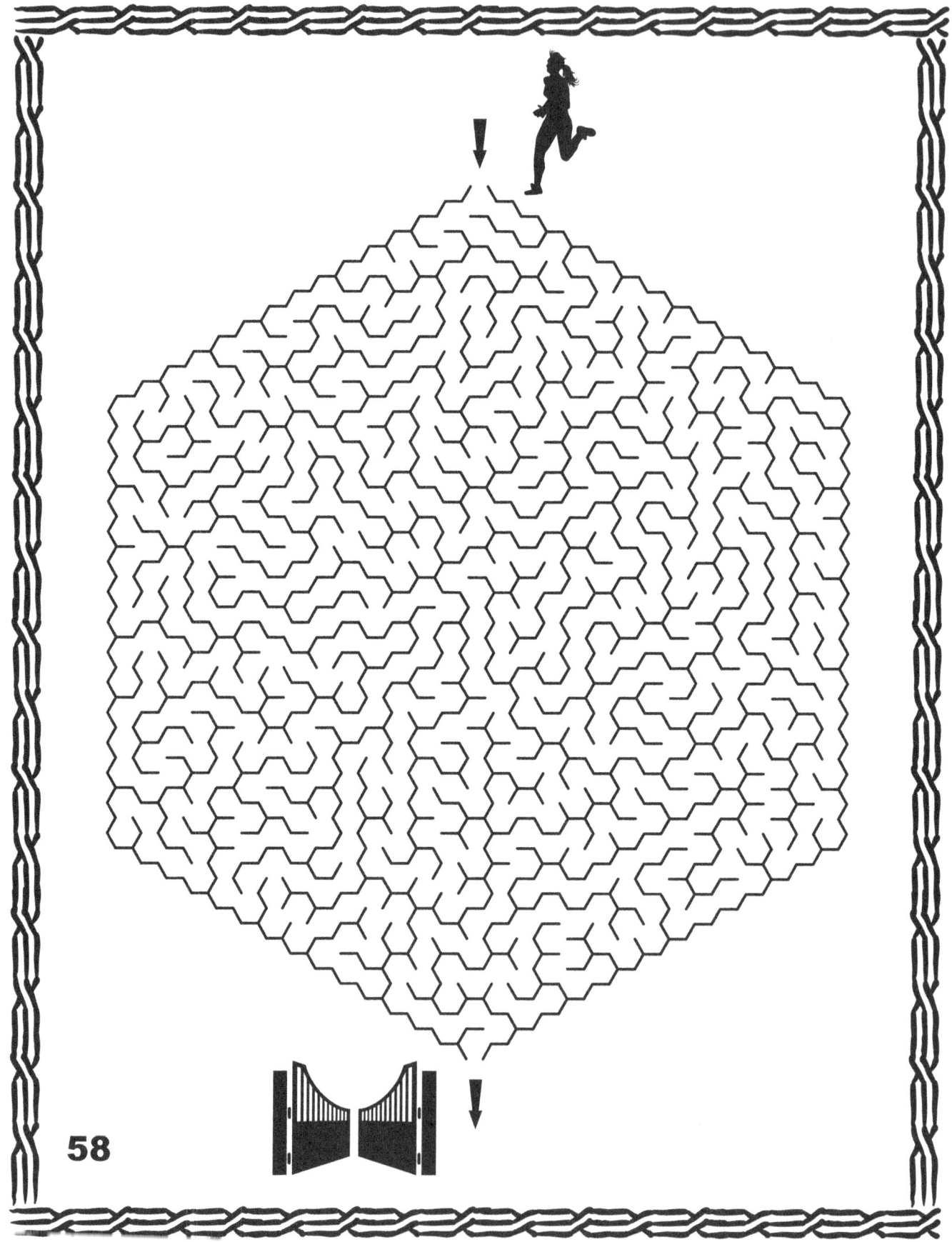

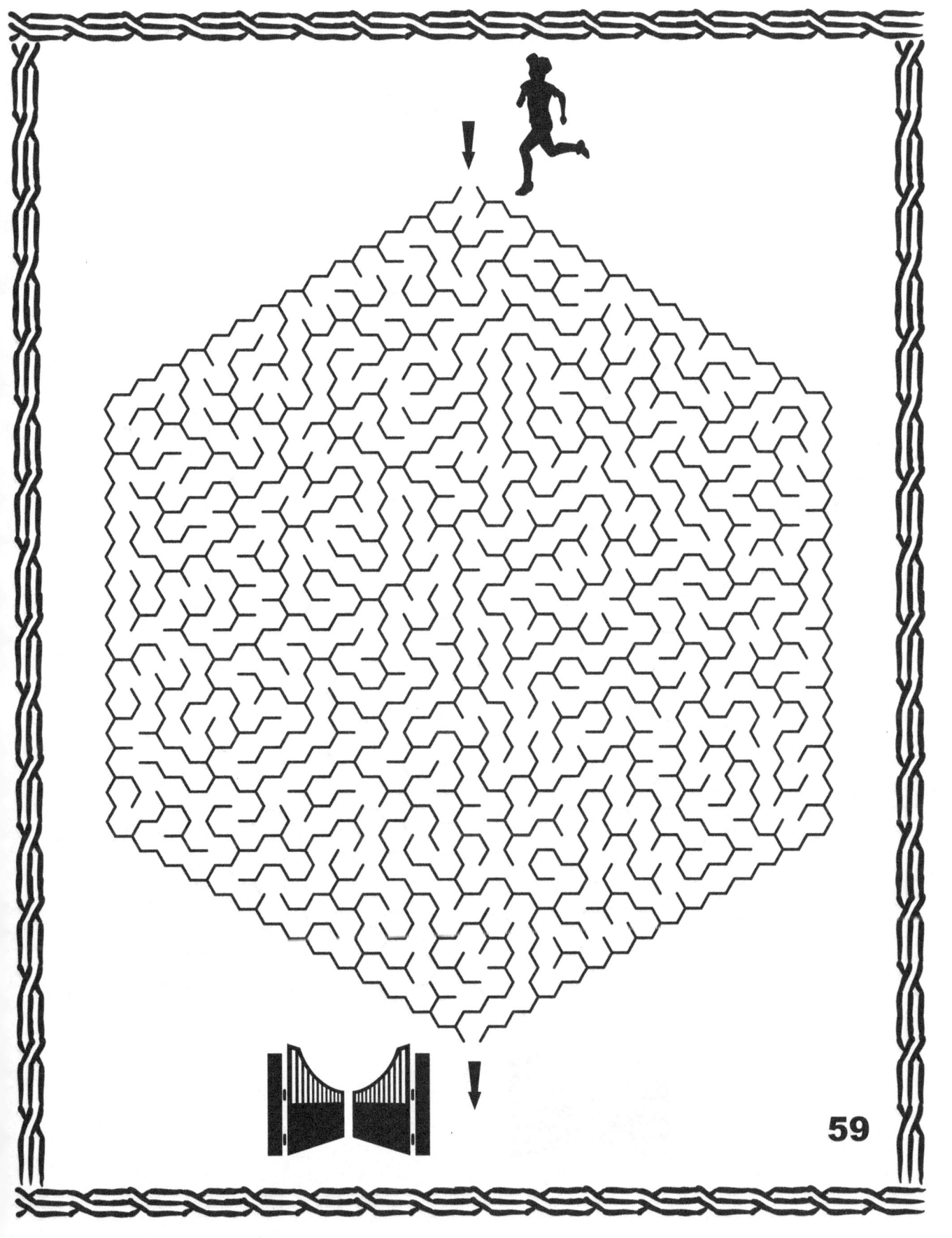

59

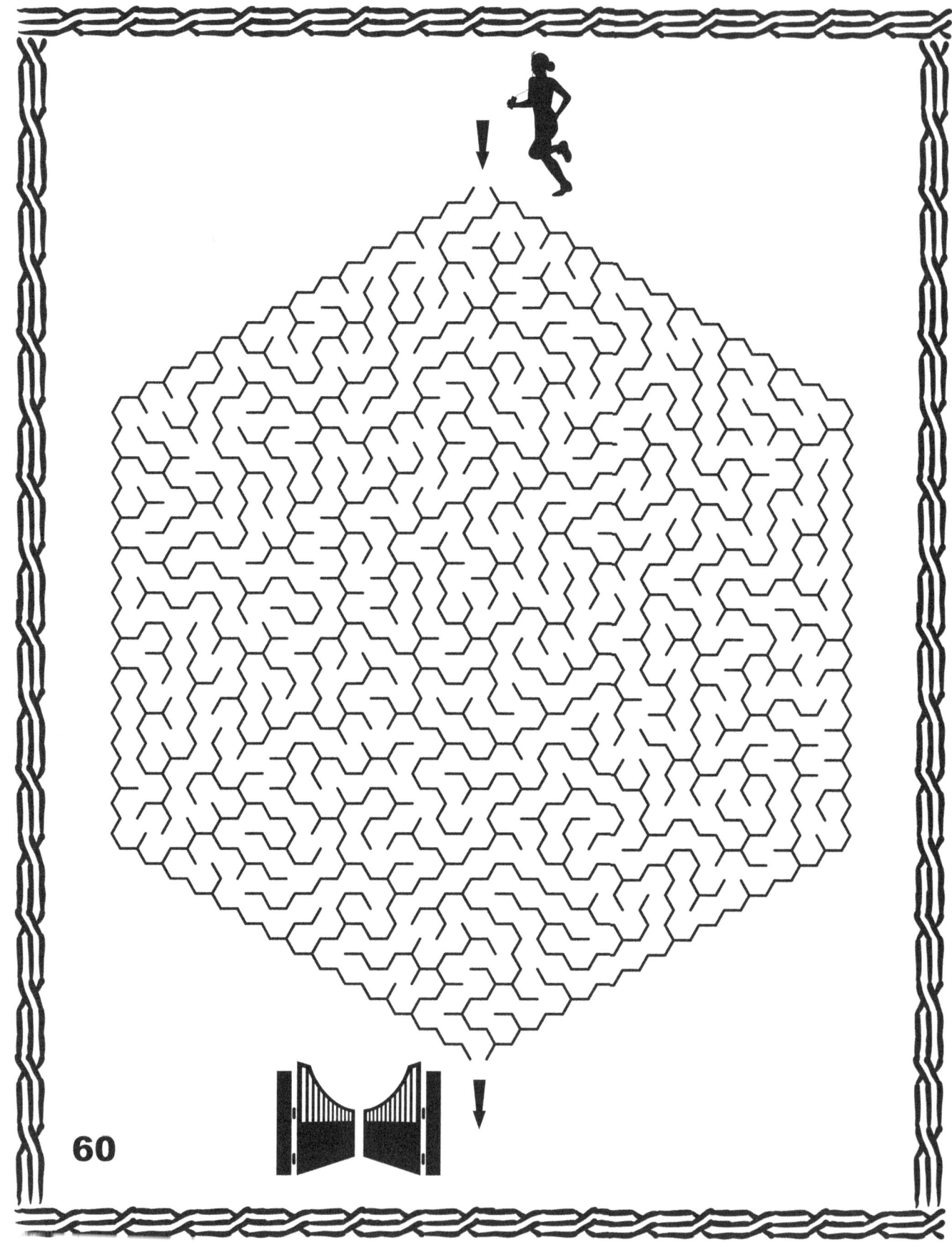

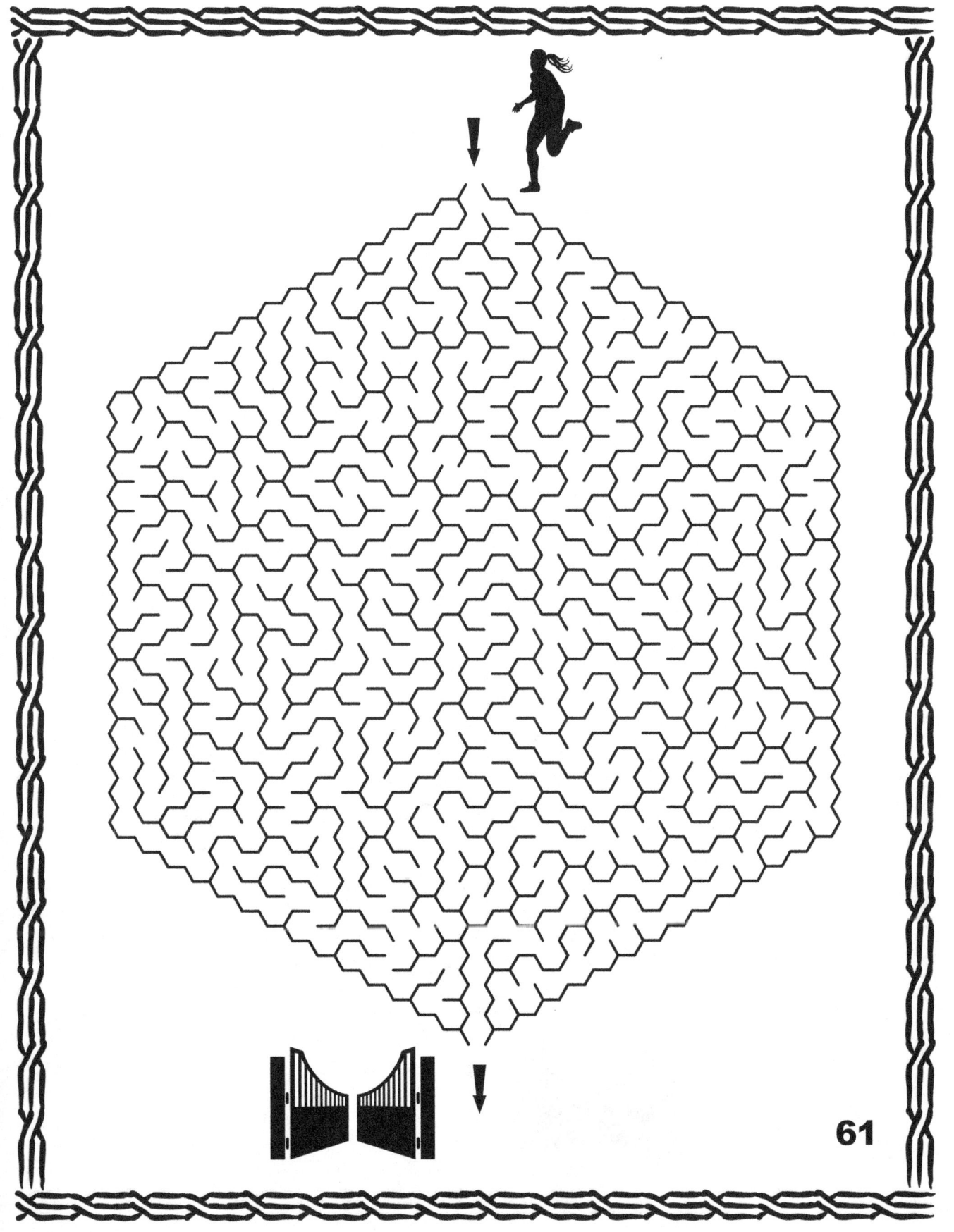

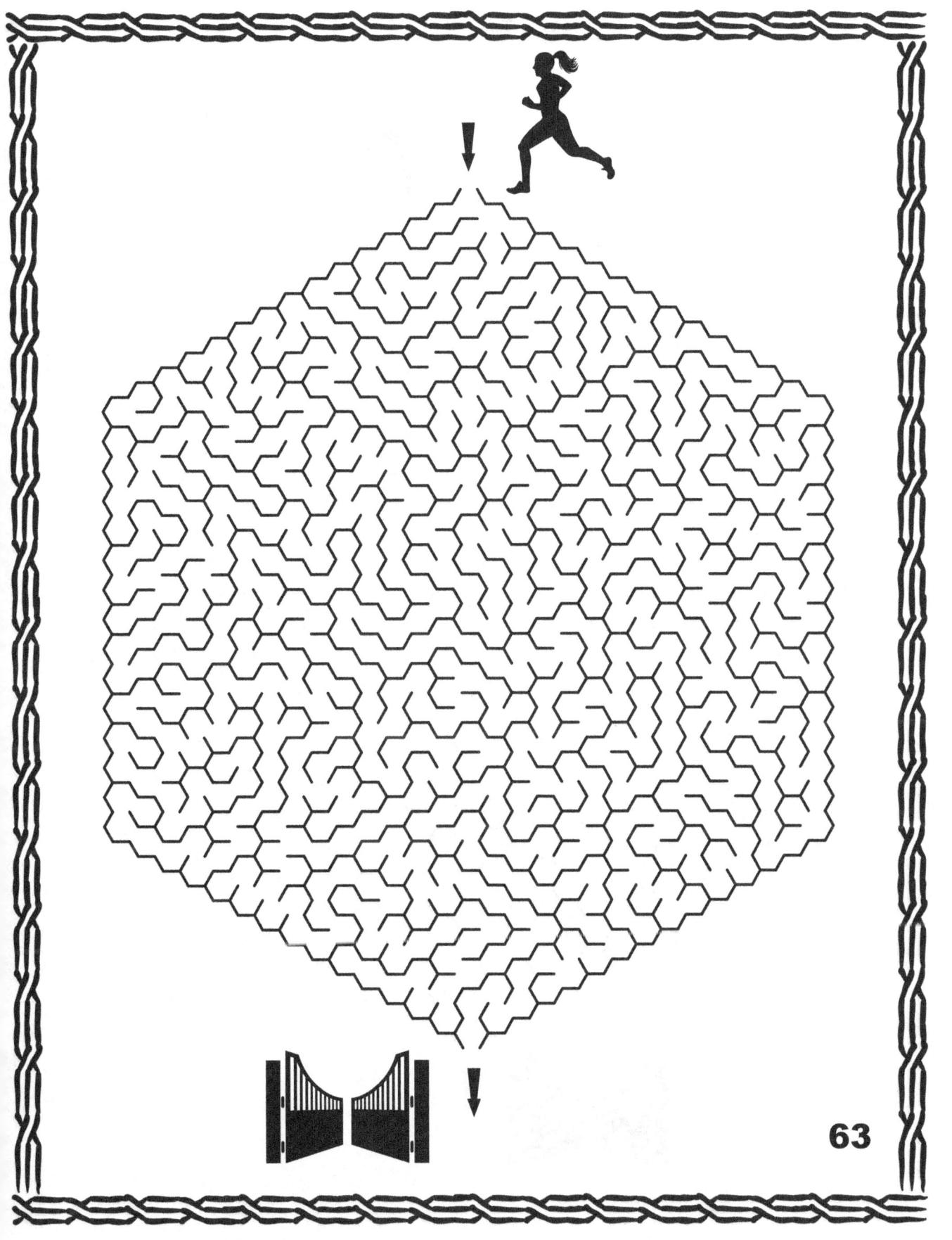

63

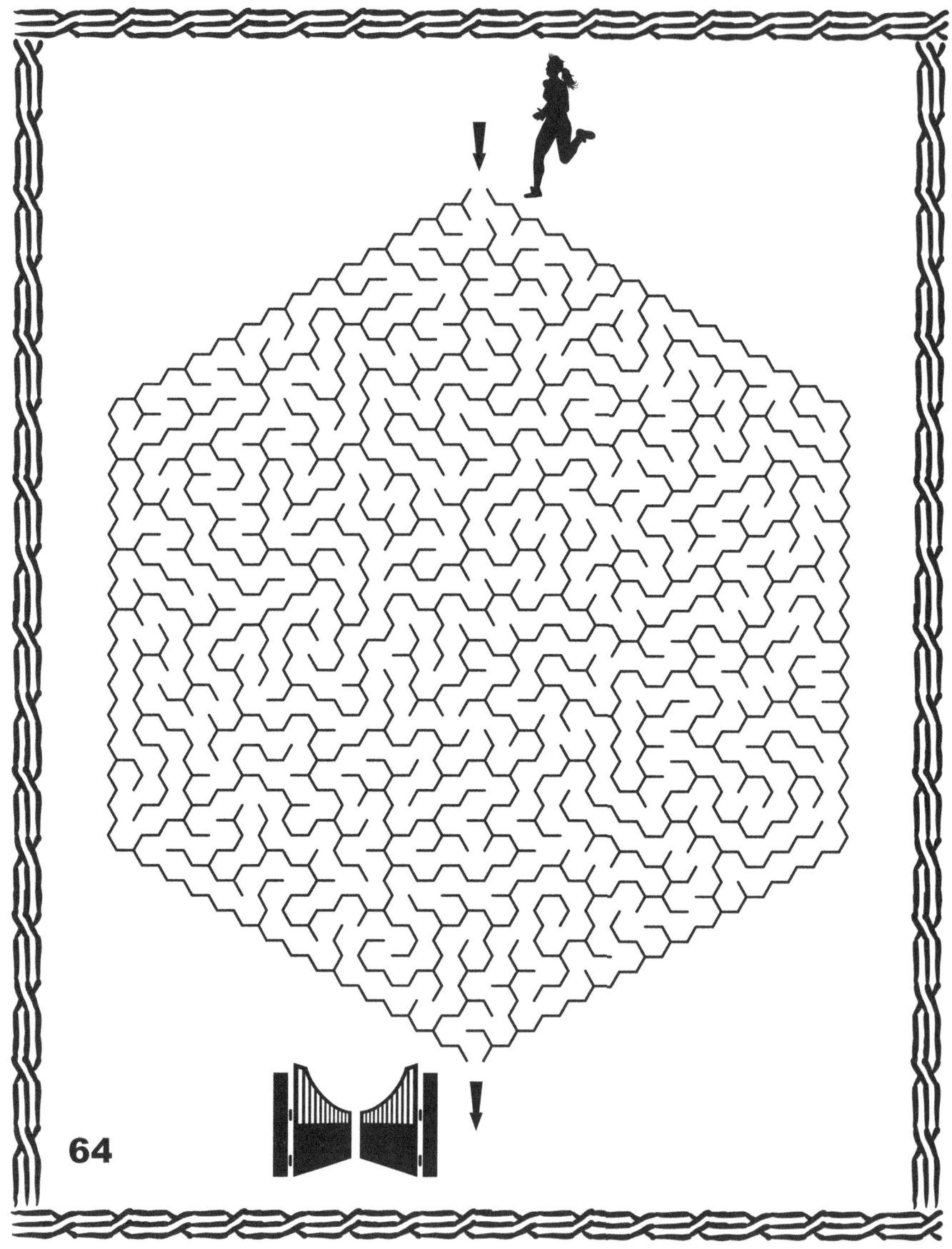

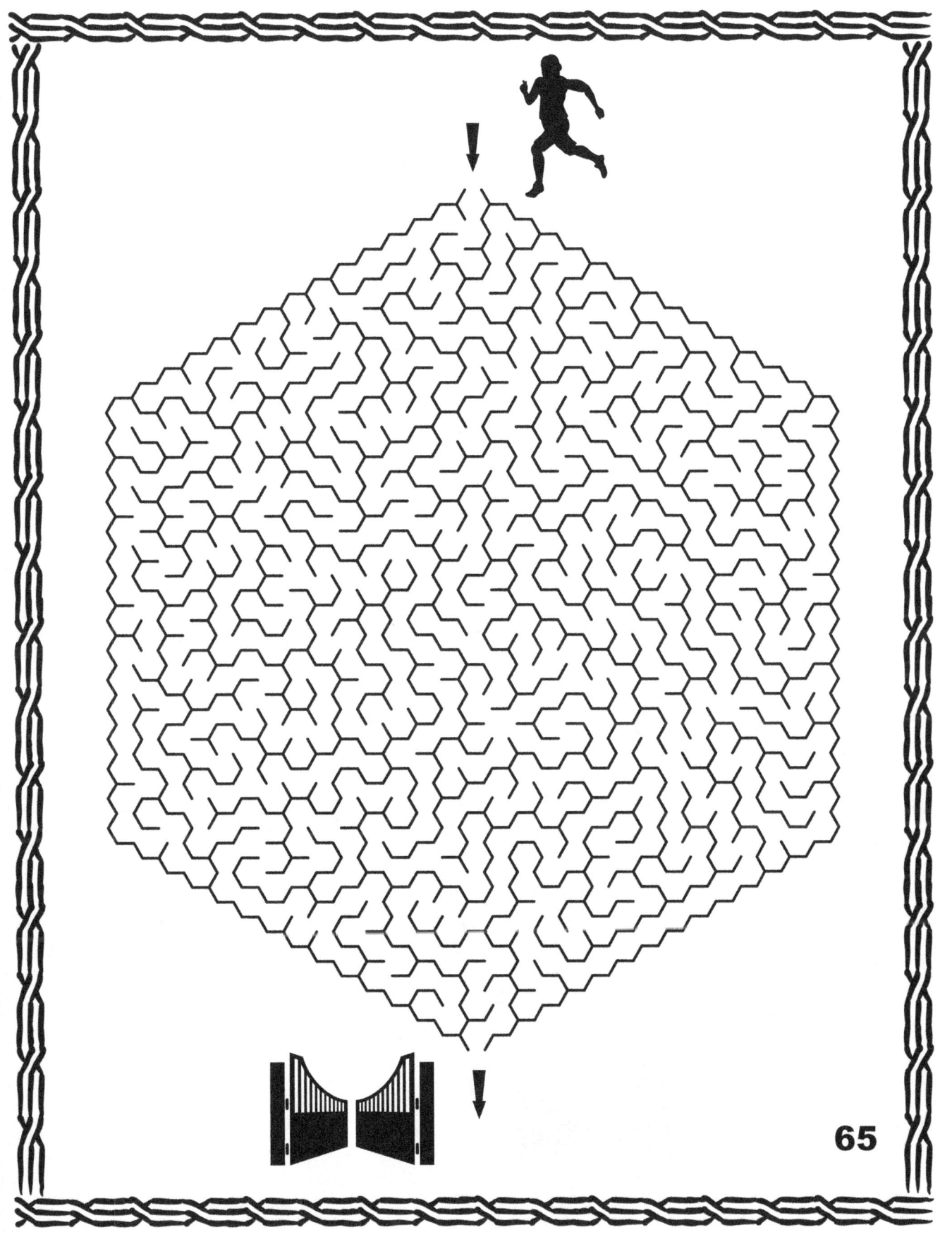

65

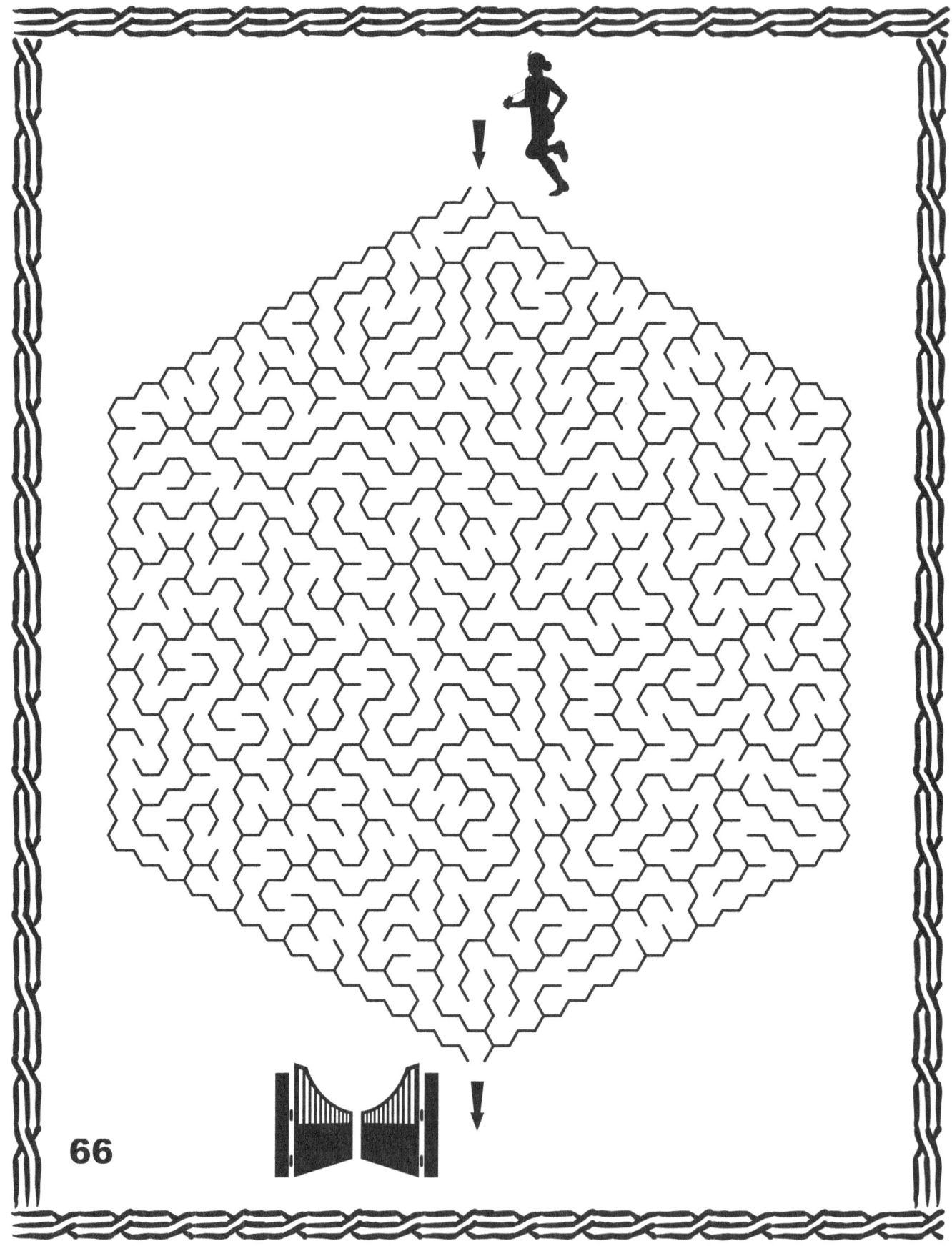

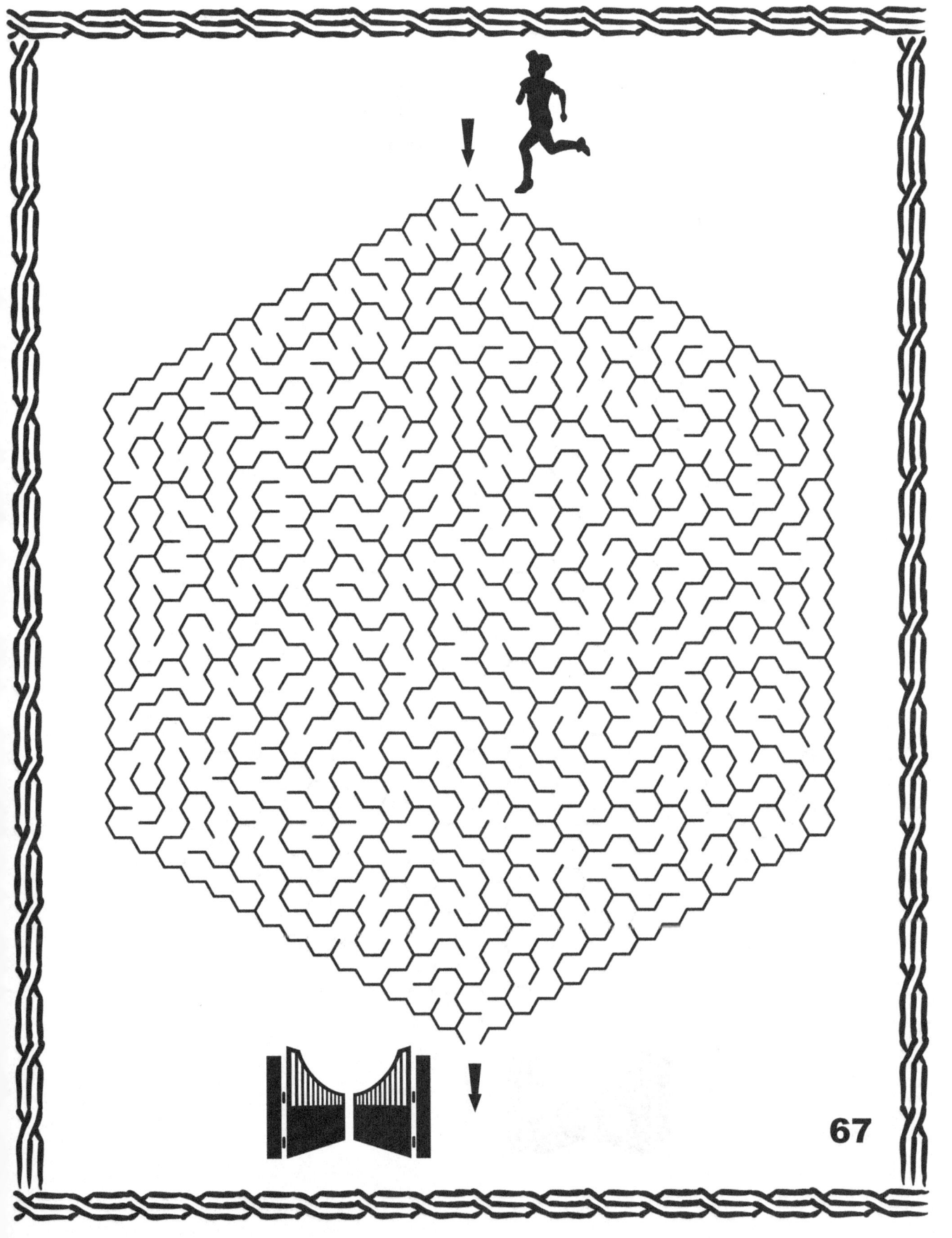

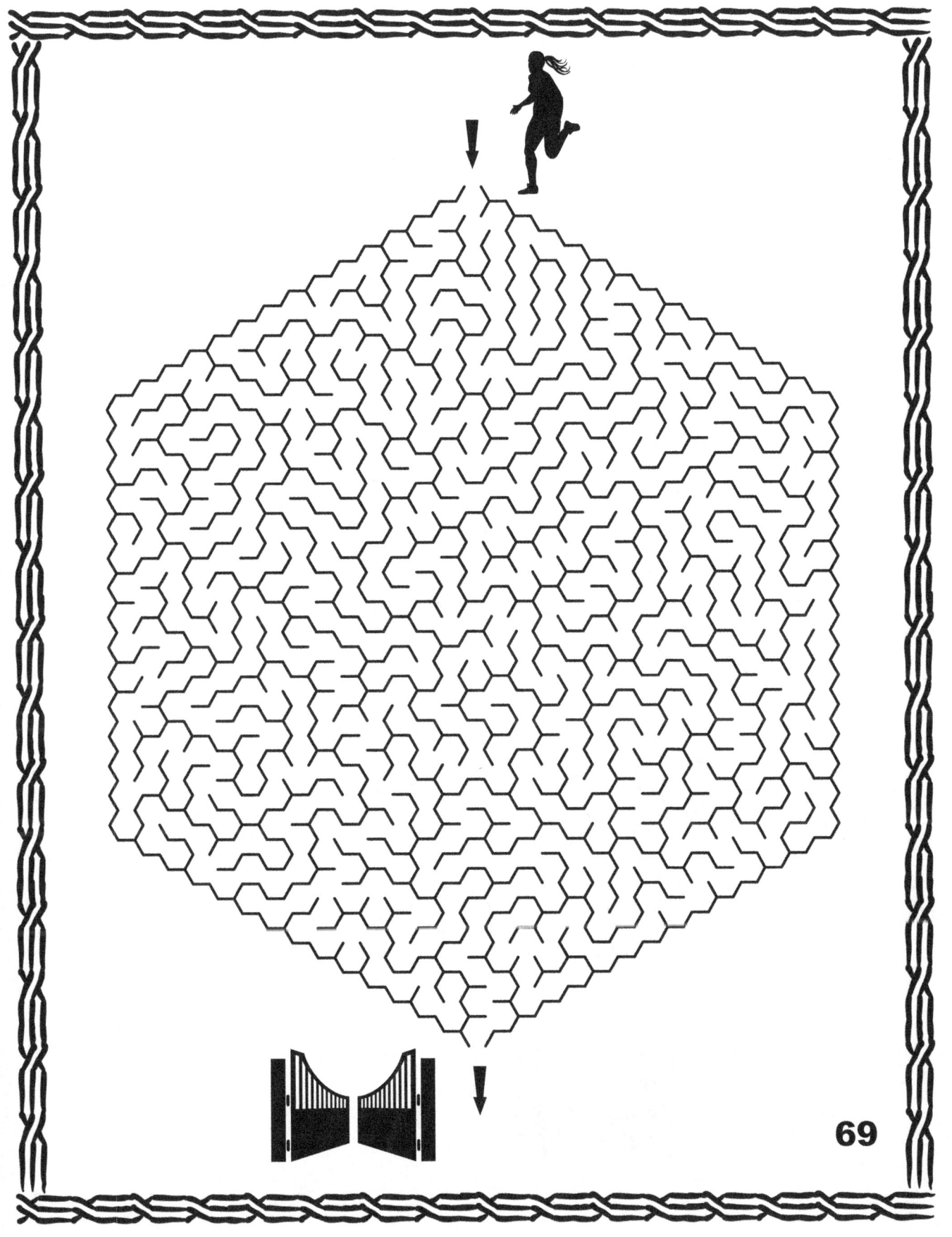

69

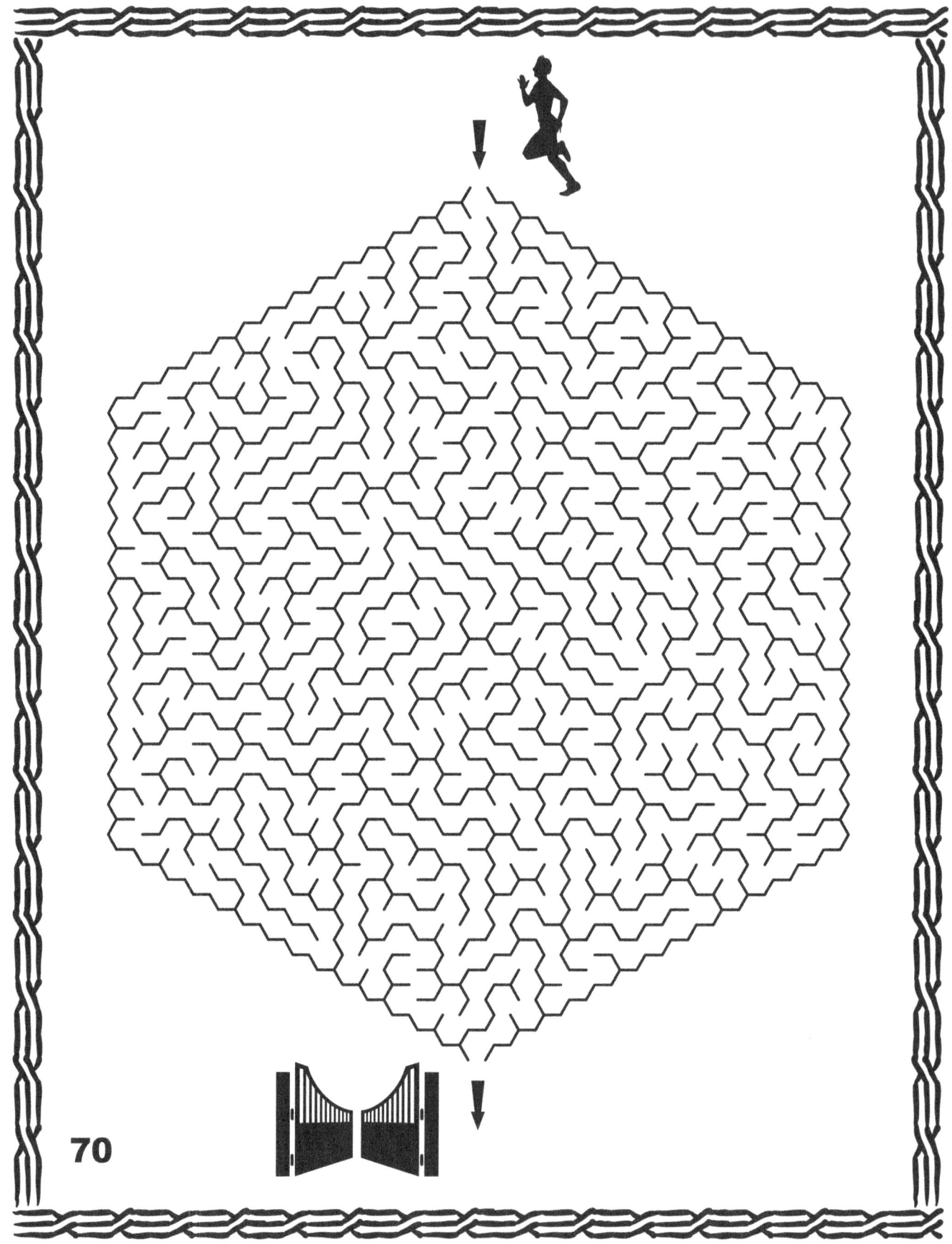

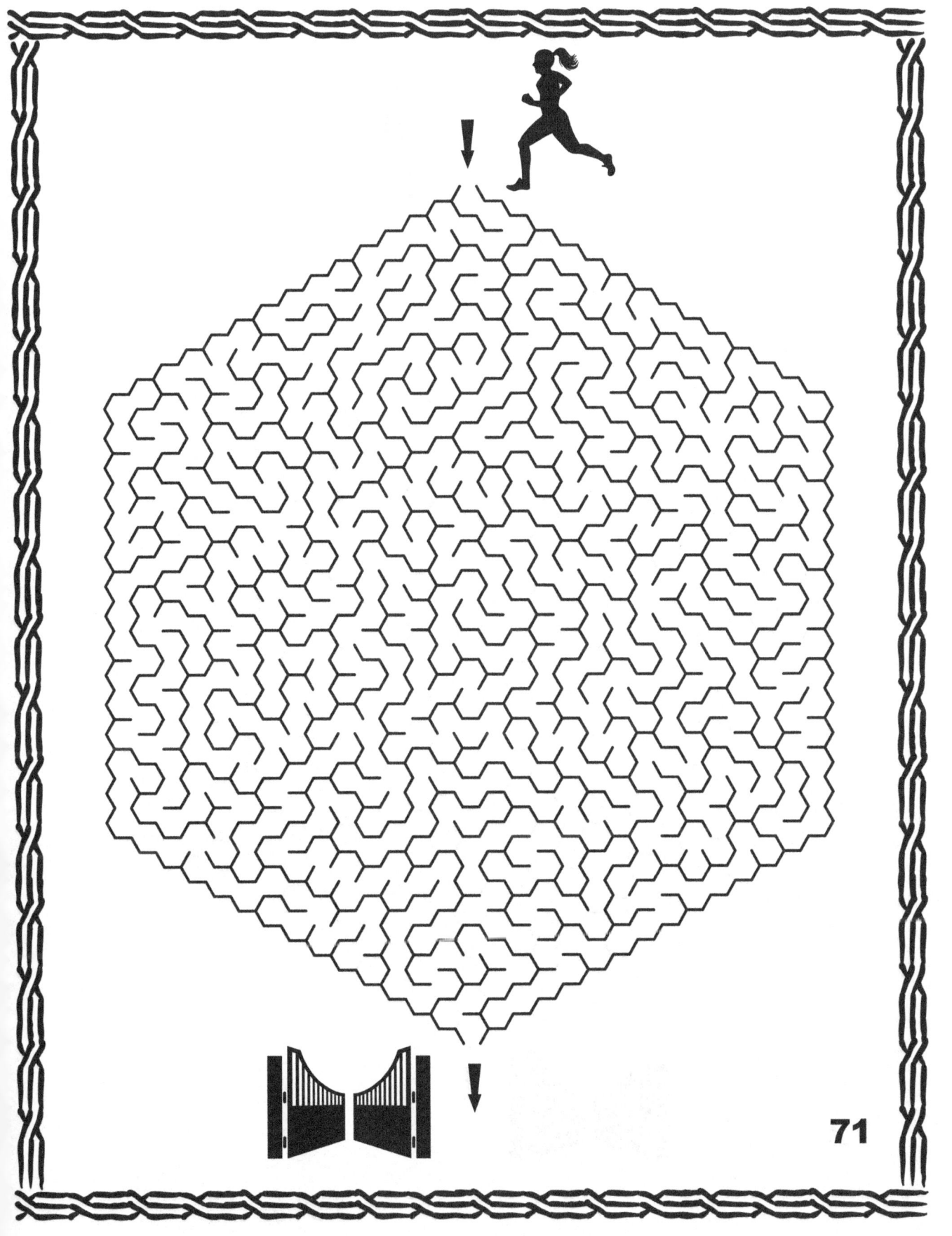

71

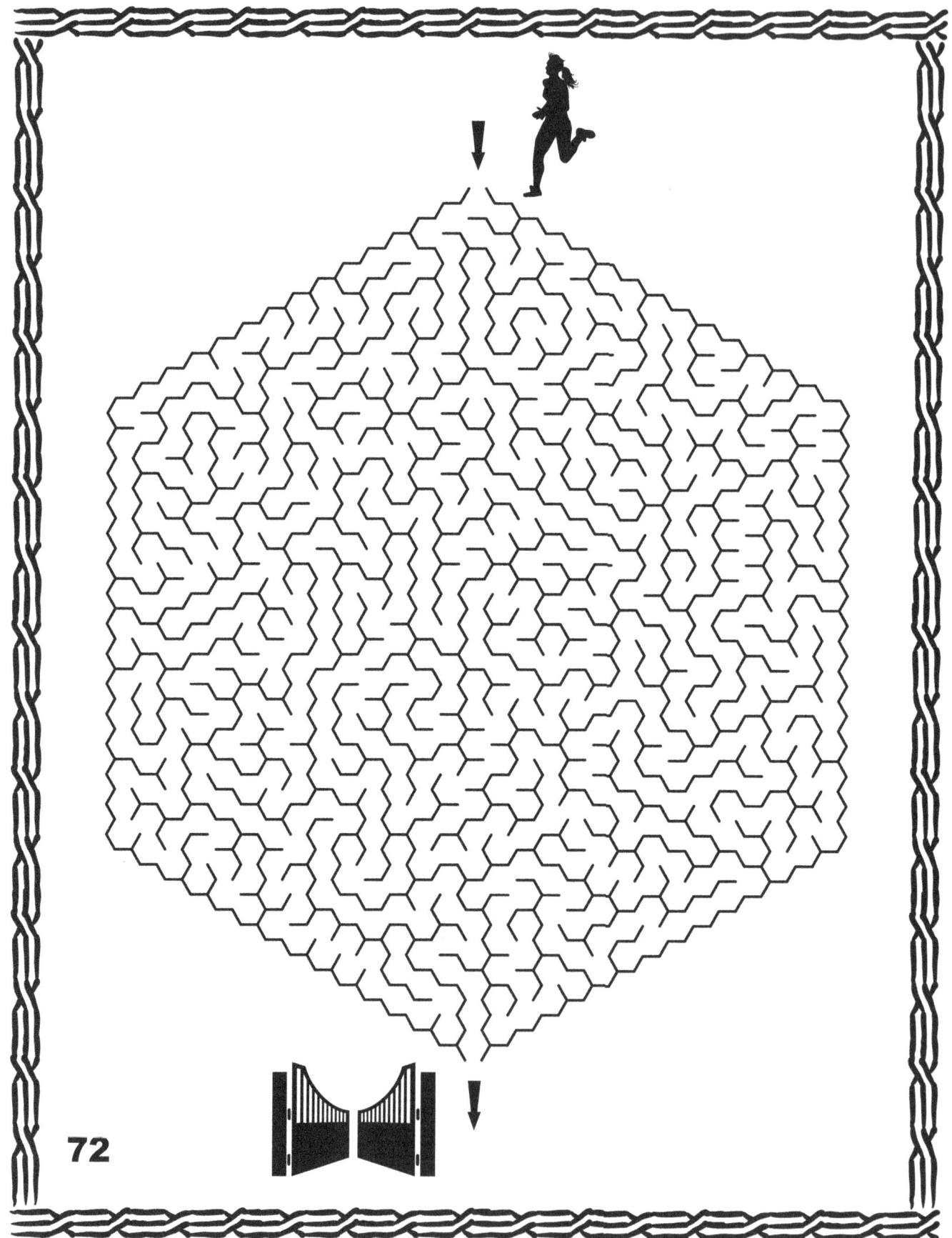

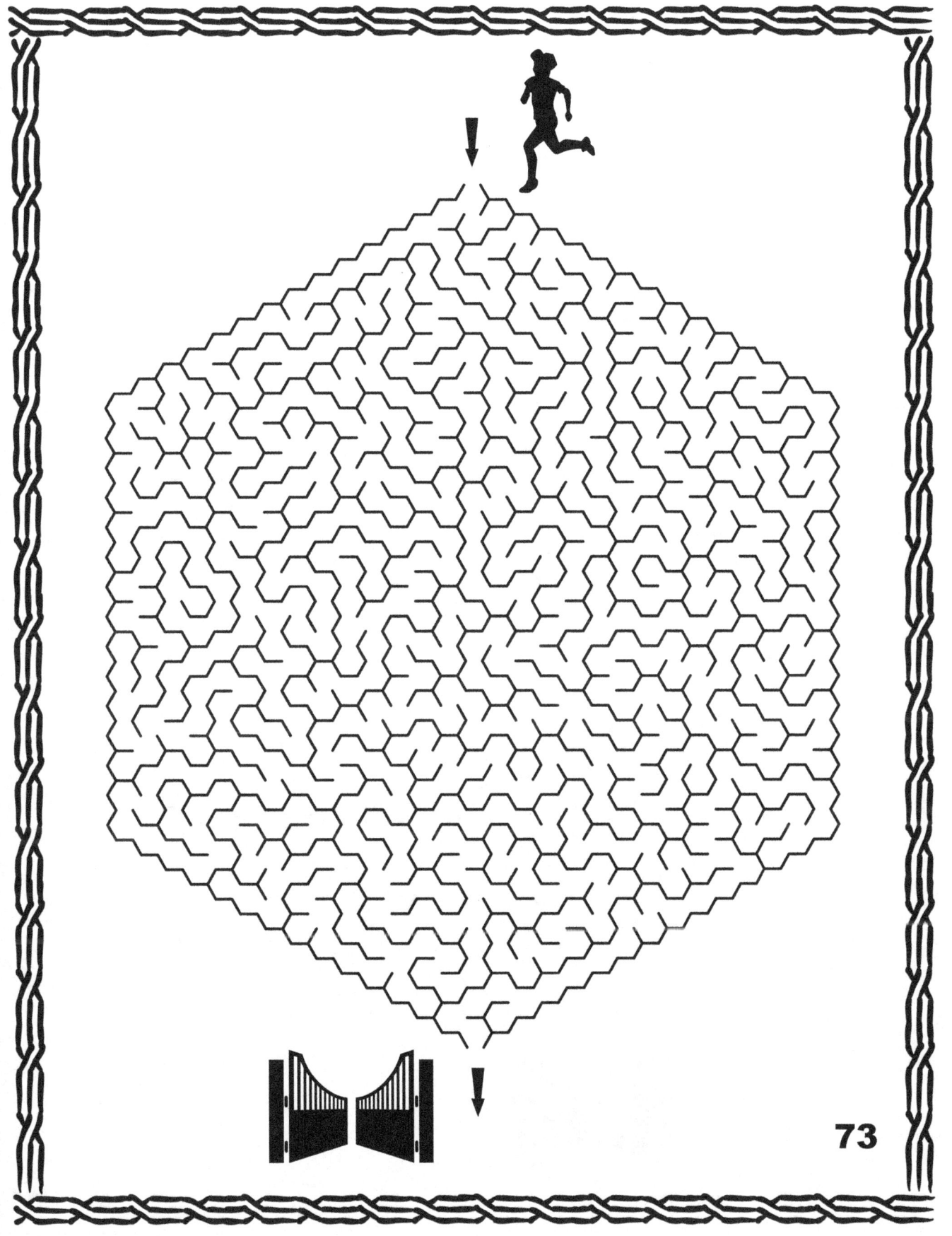

73

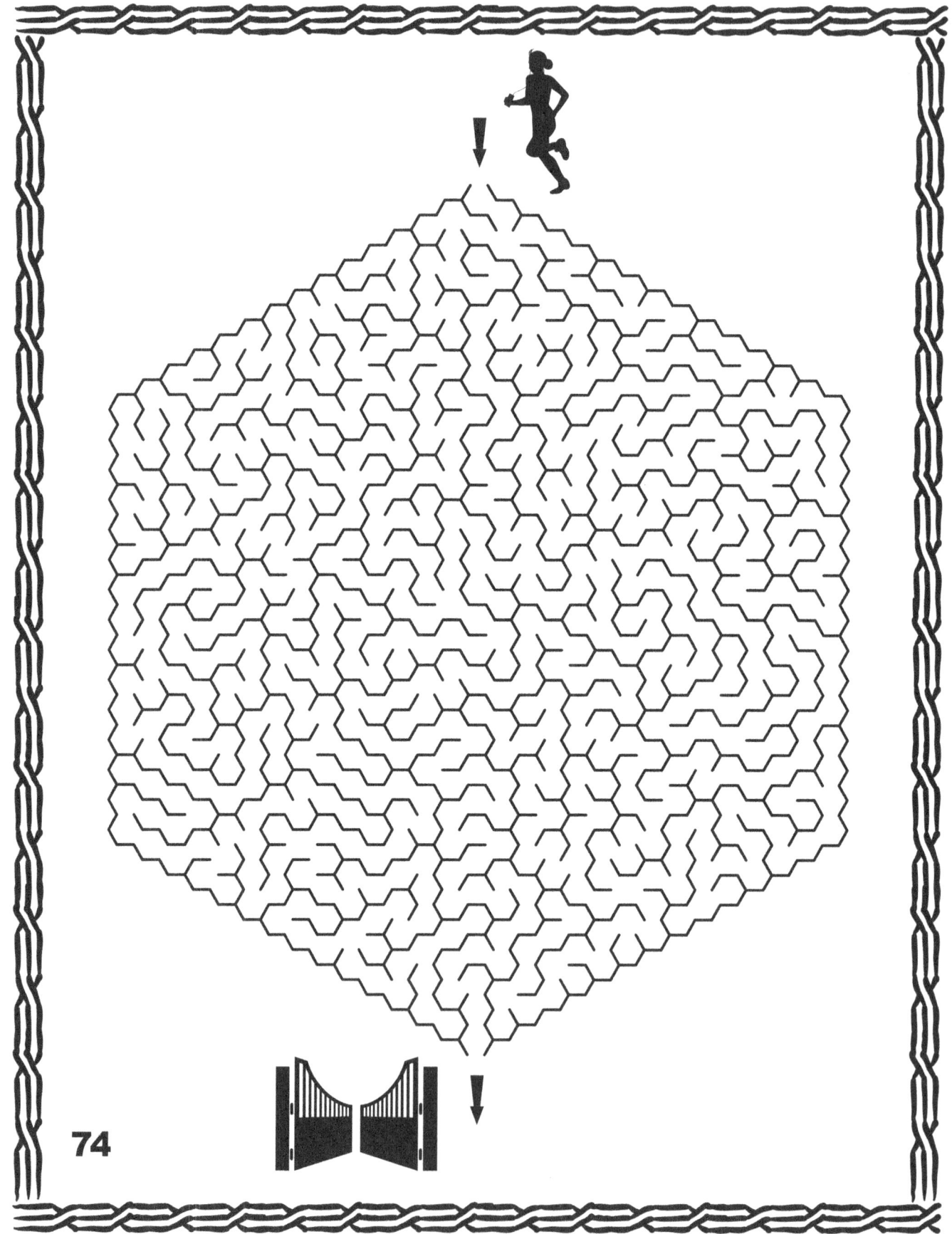

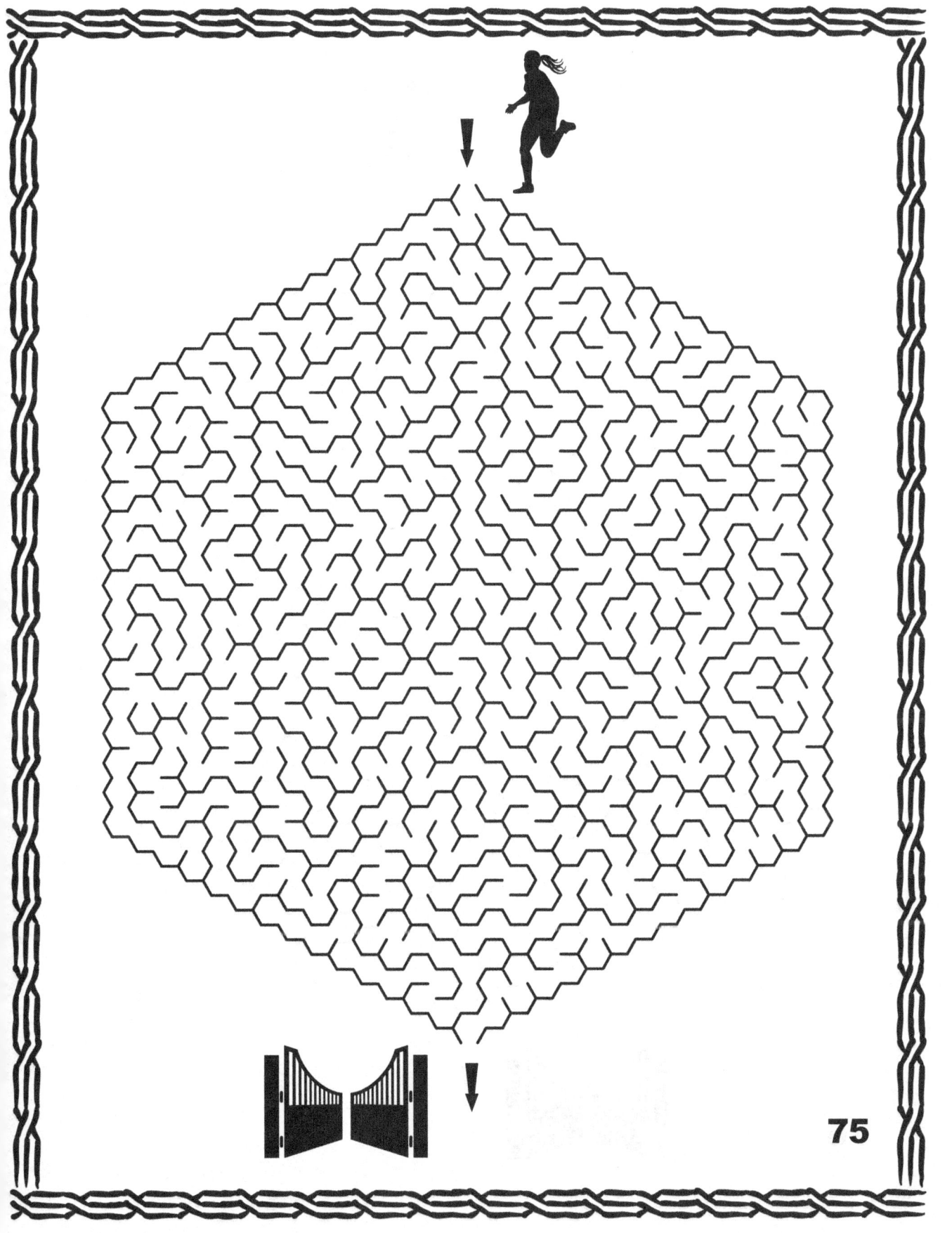

75

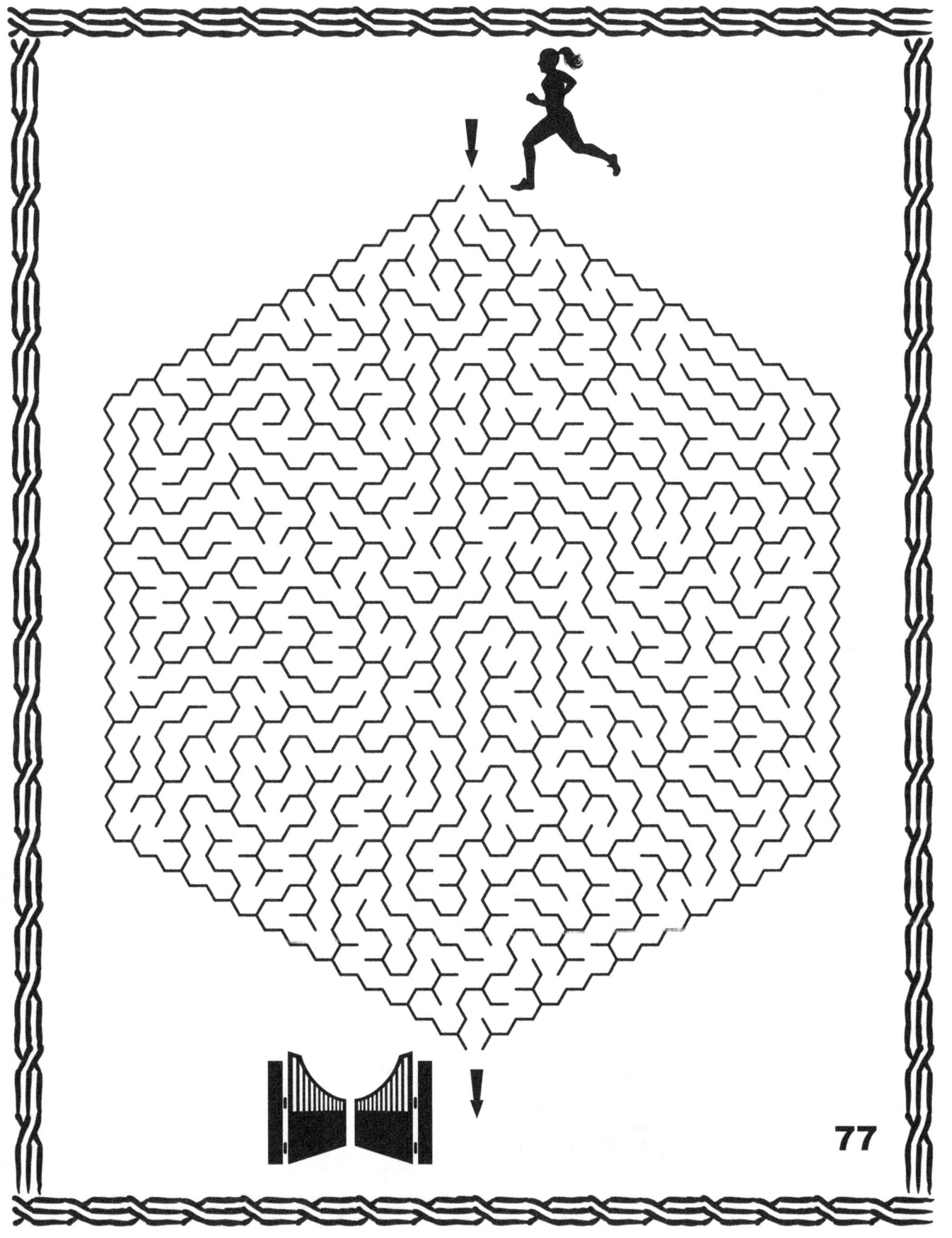

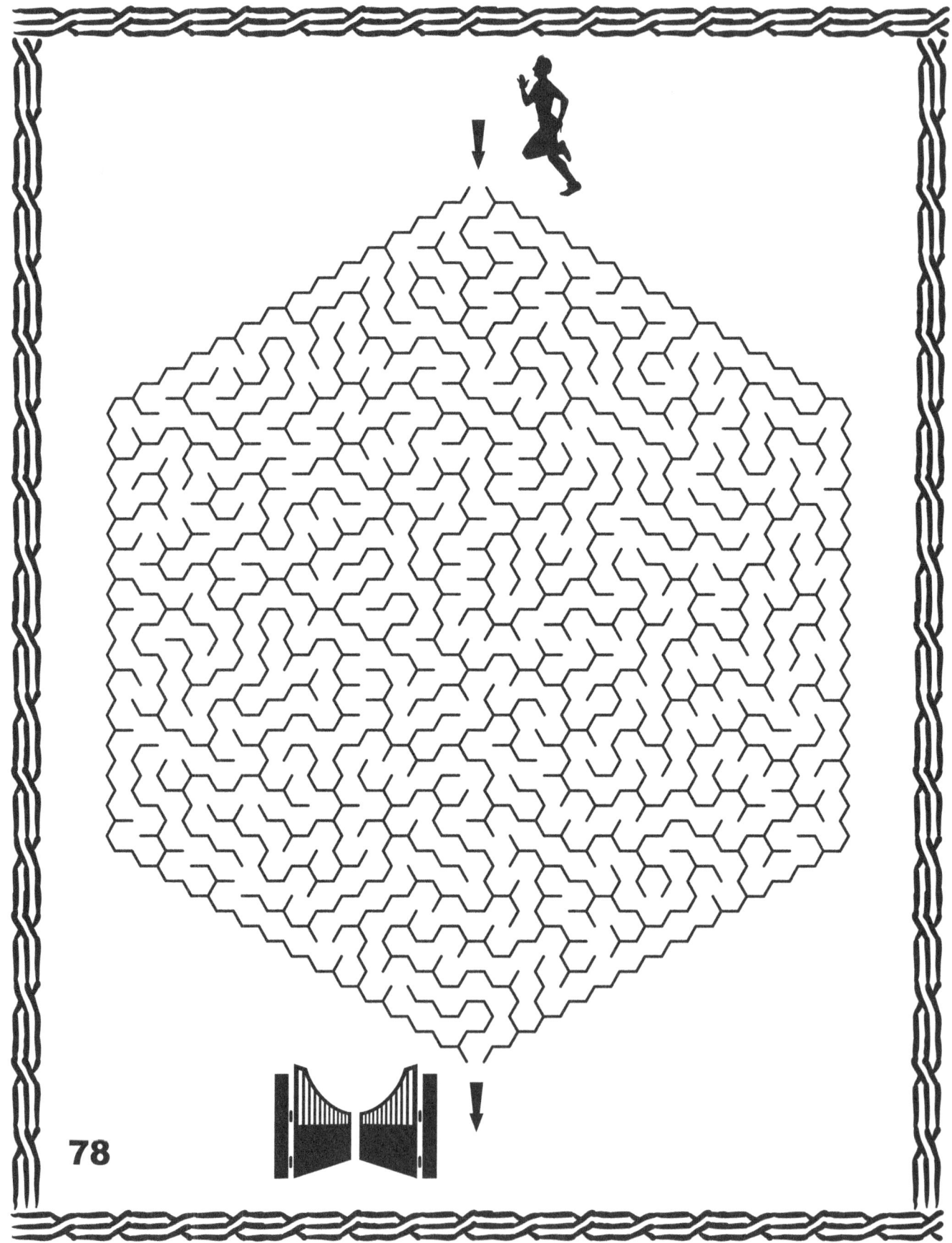

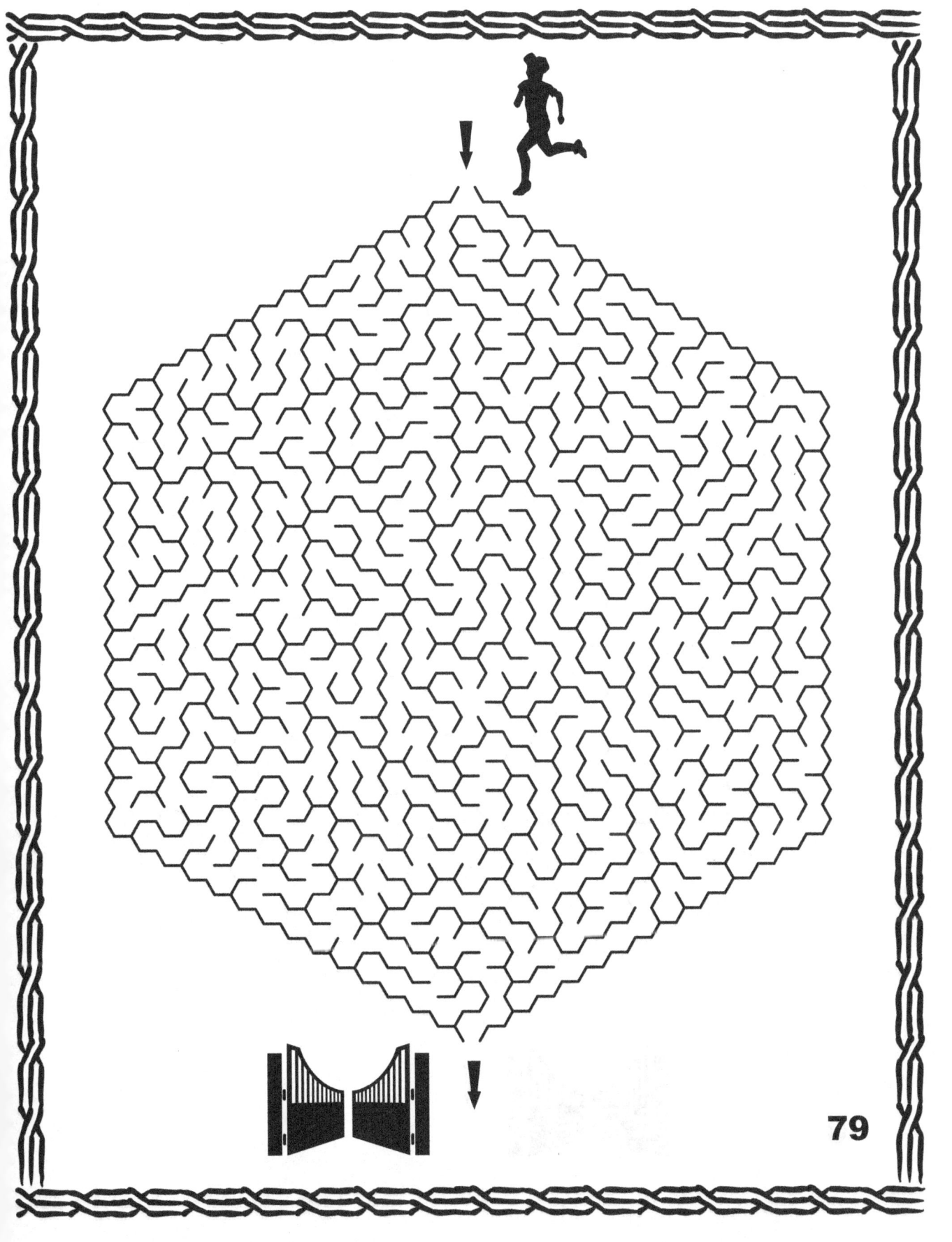

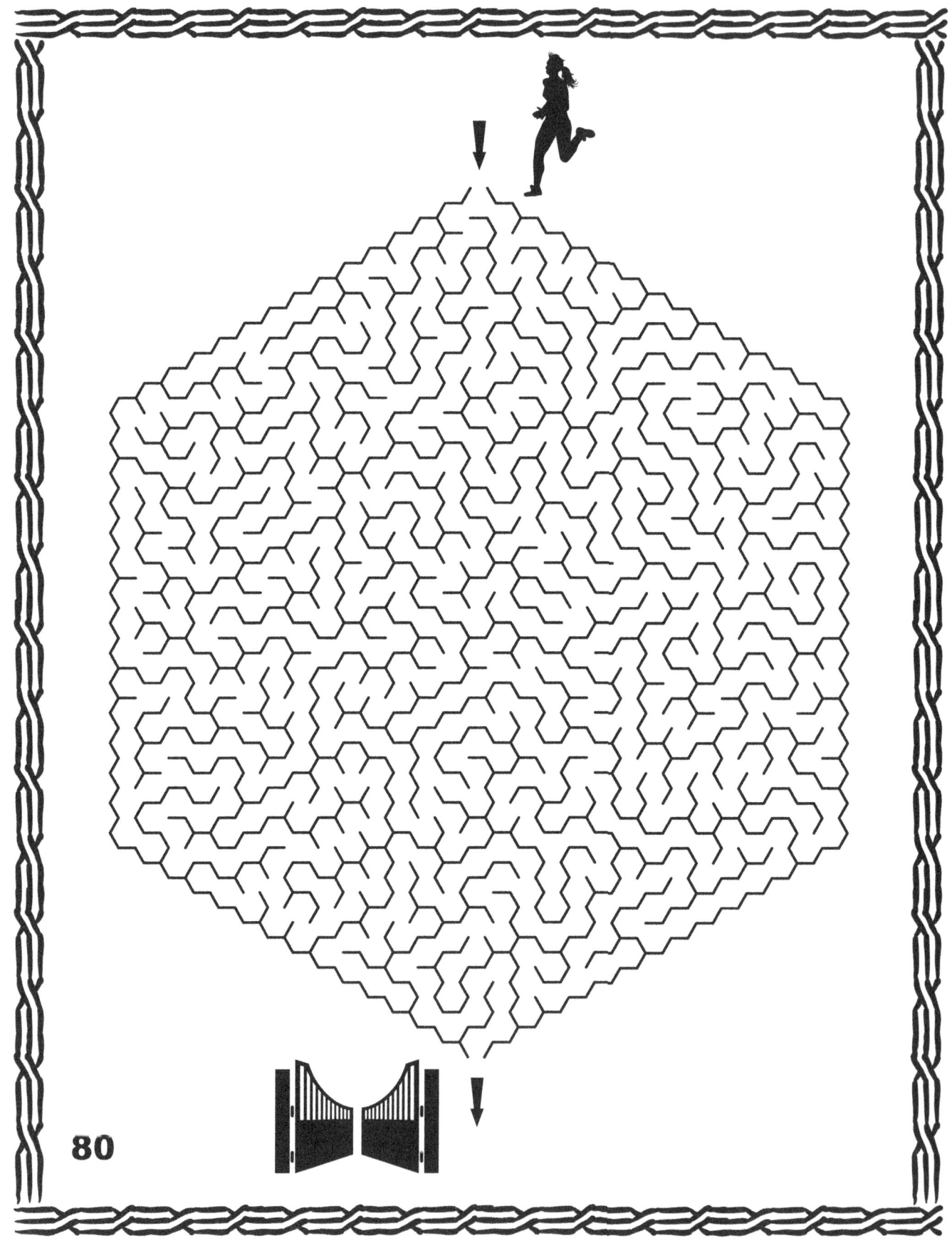

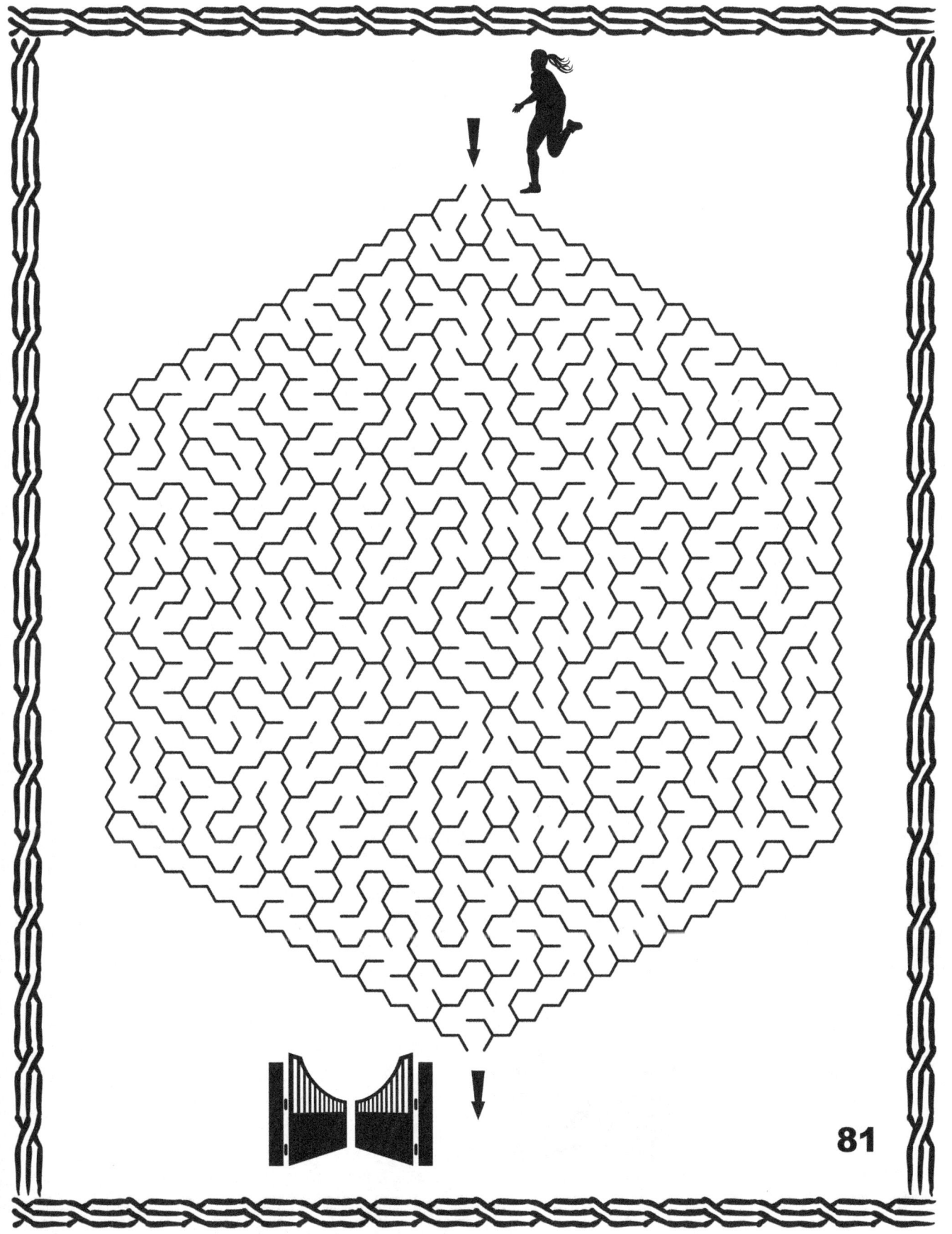

**1**

**2**

**3**

**4**

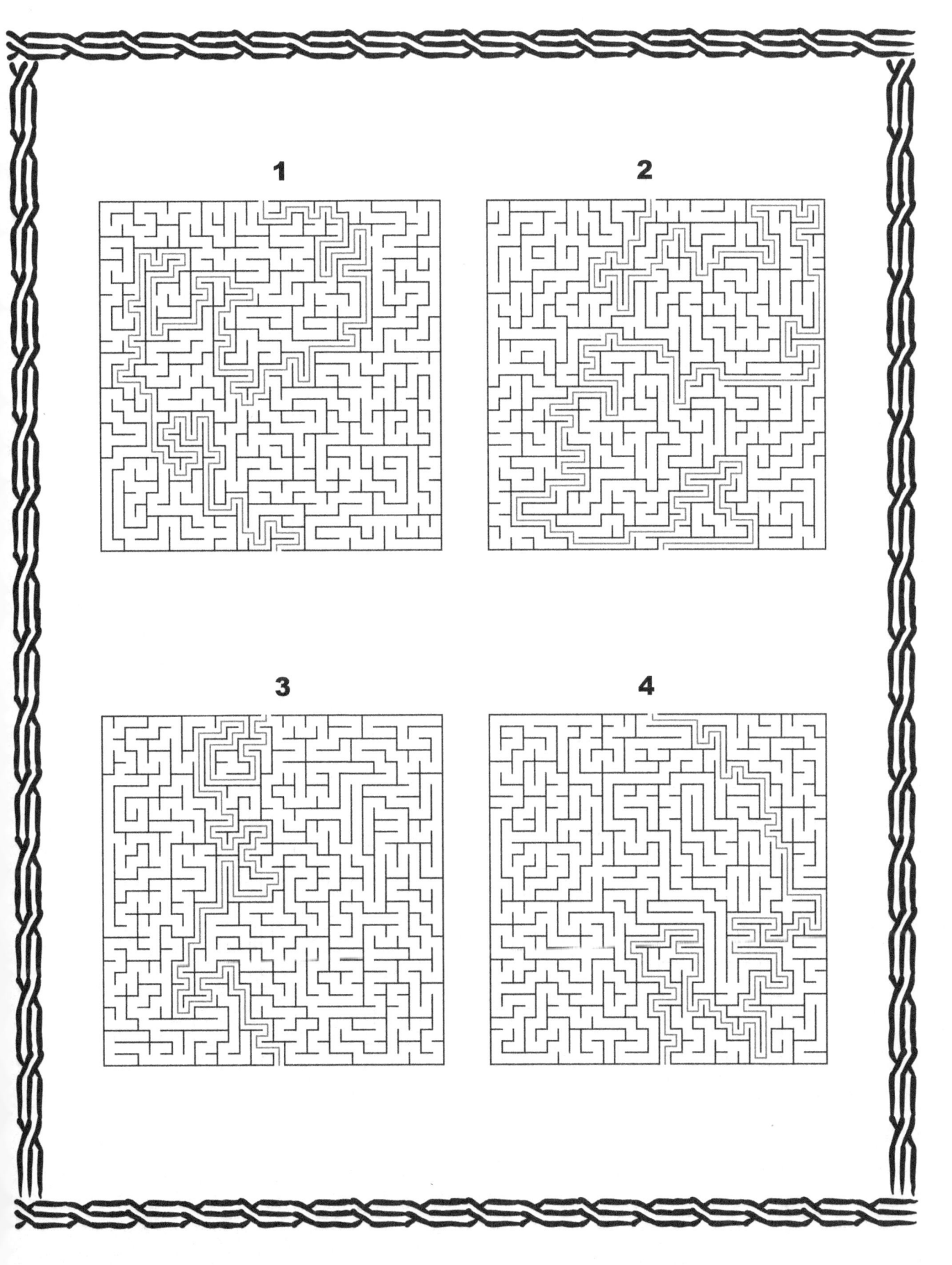

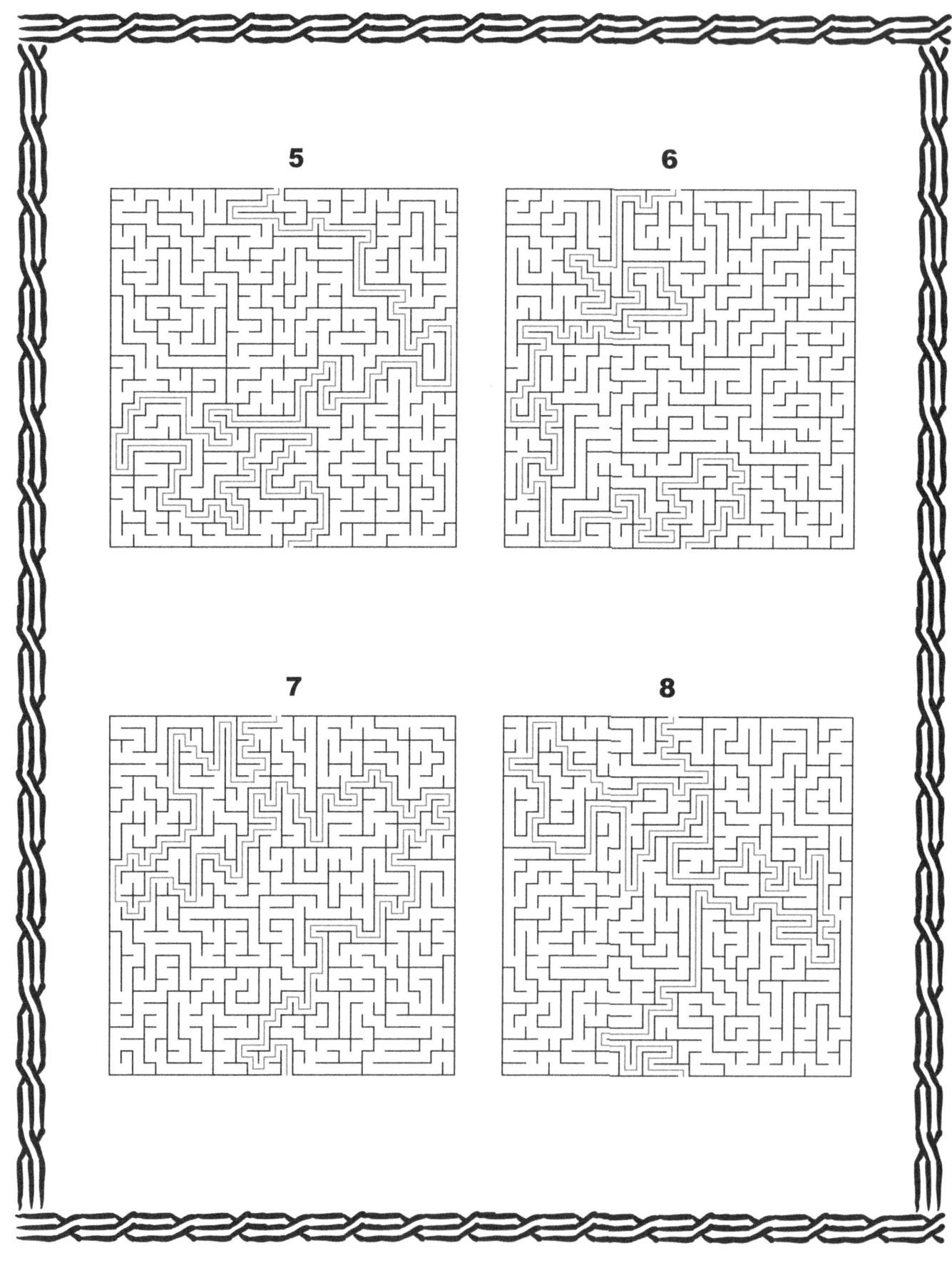

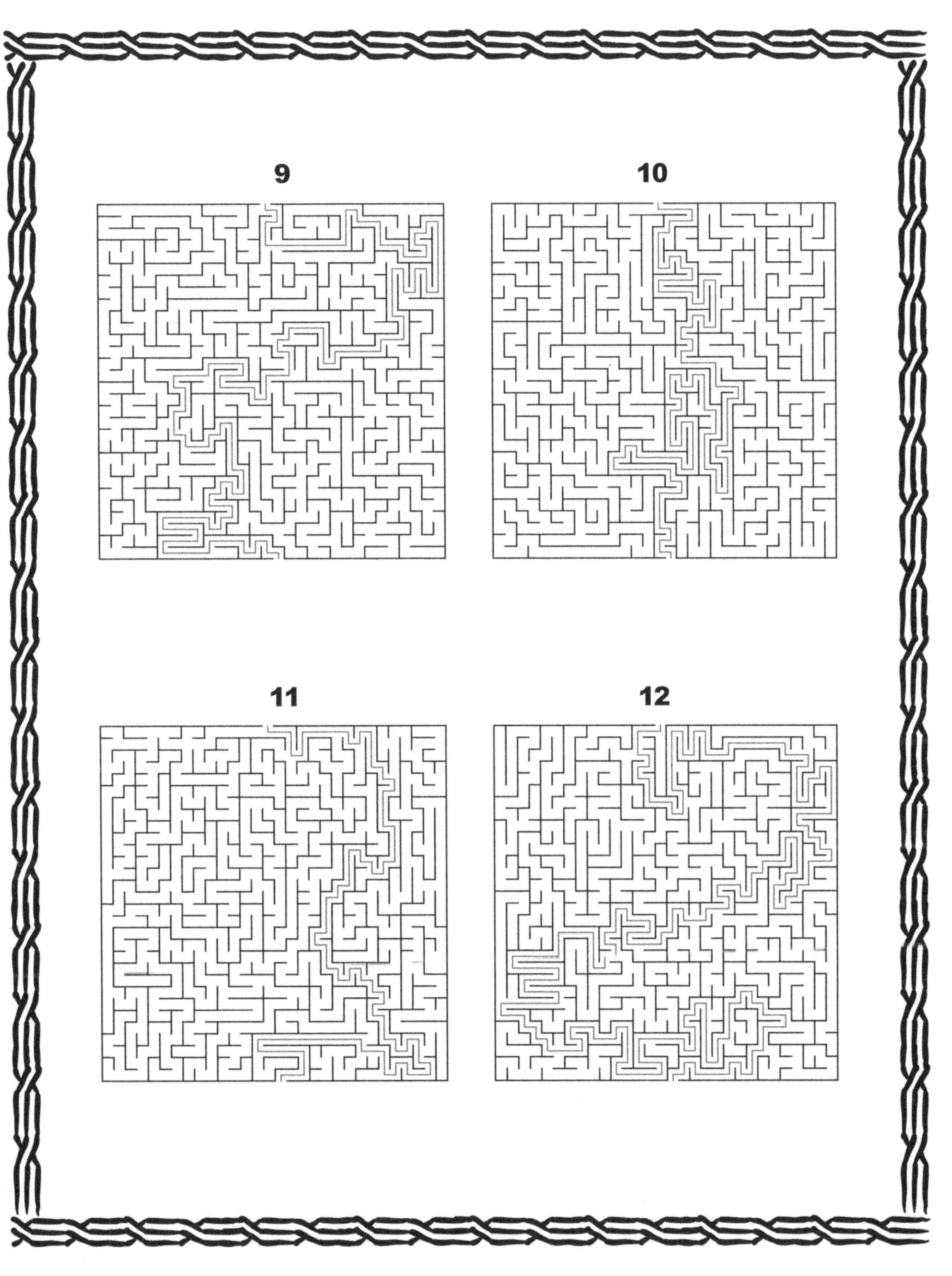

**13**

**14**

**15**

**16**

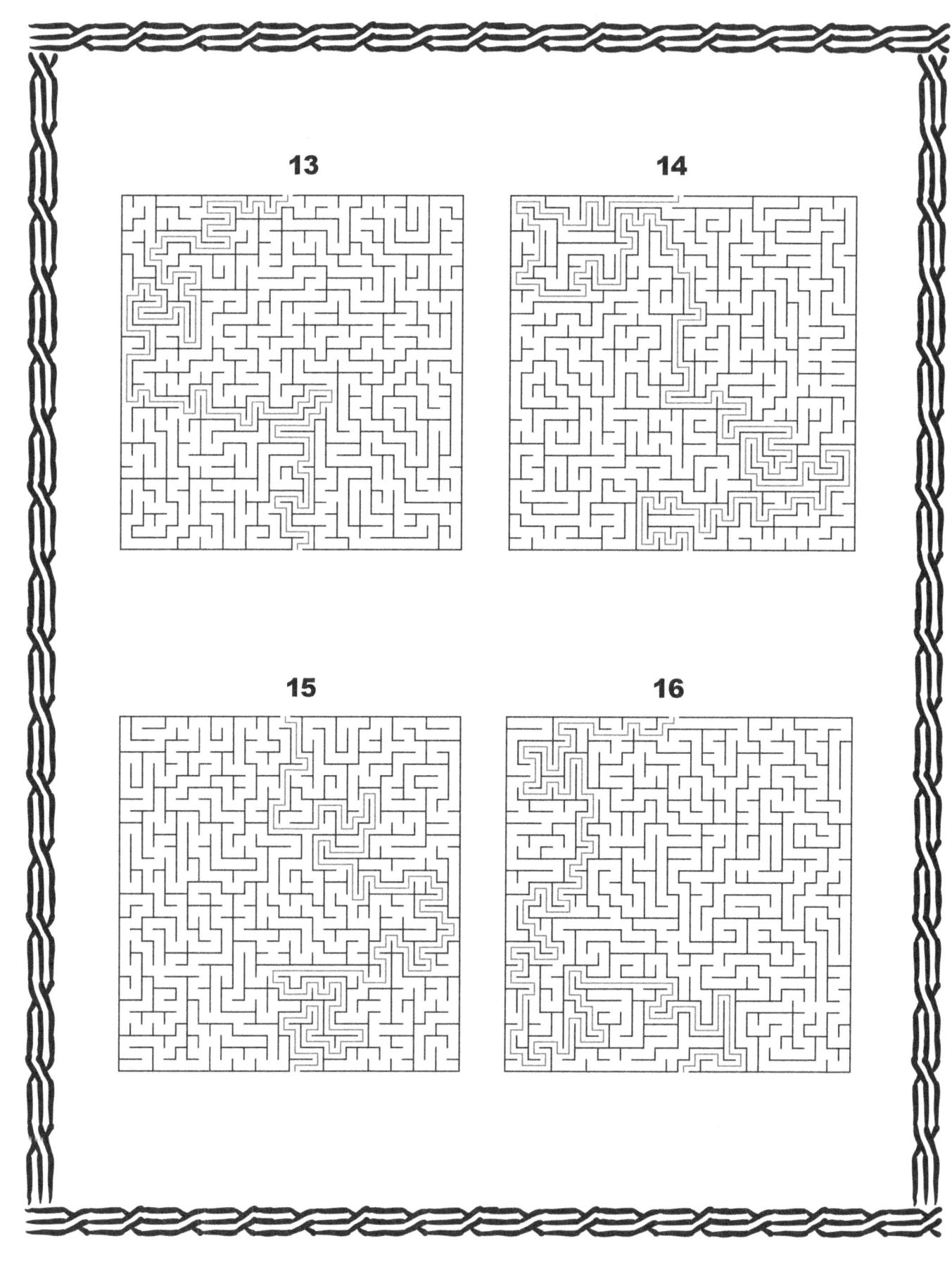

**17**

**18**

**19**

**20**

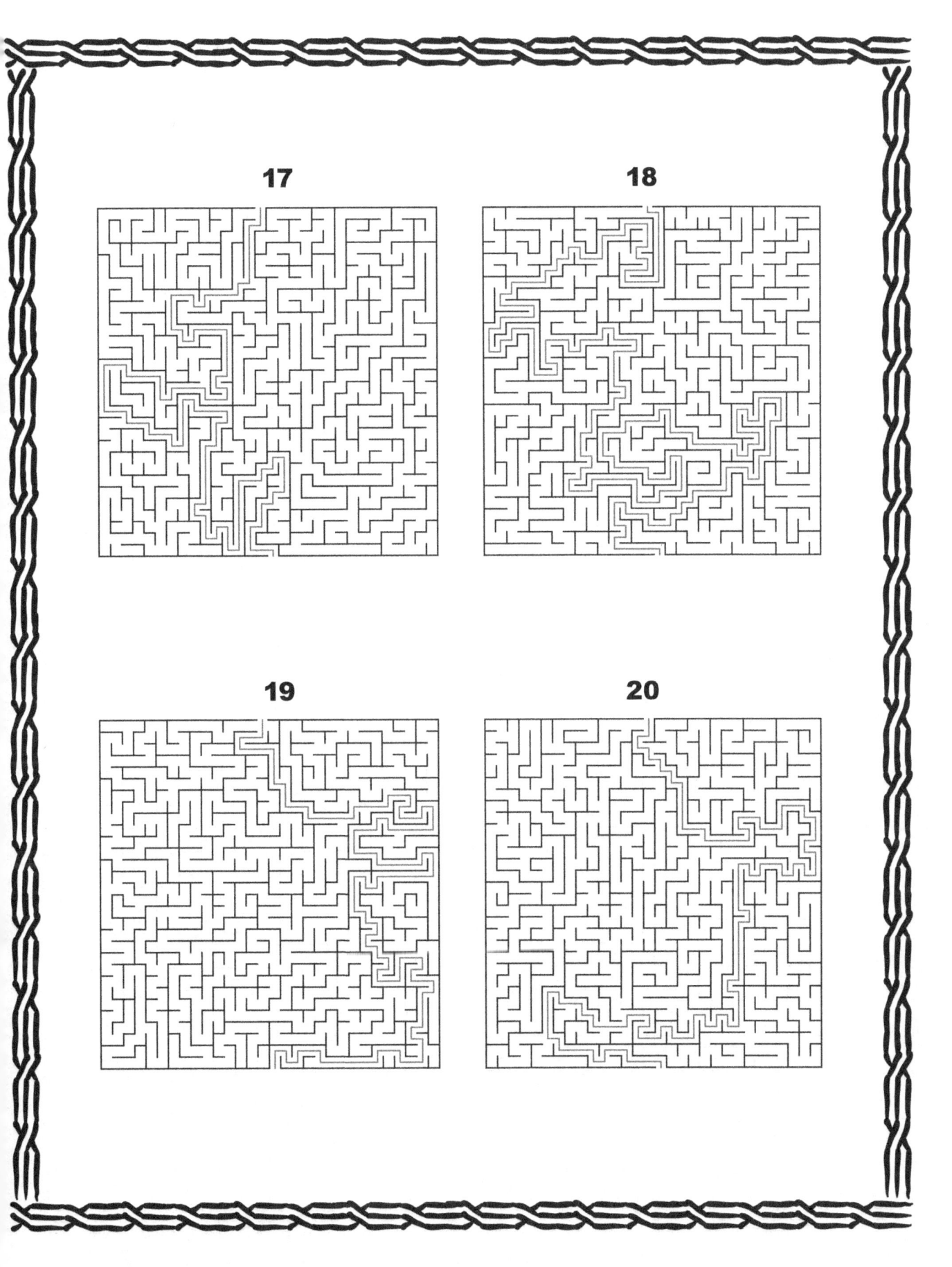

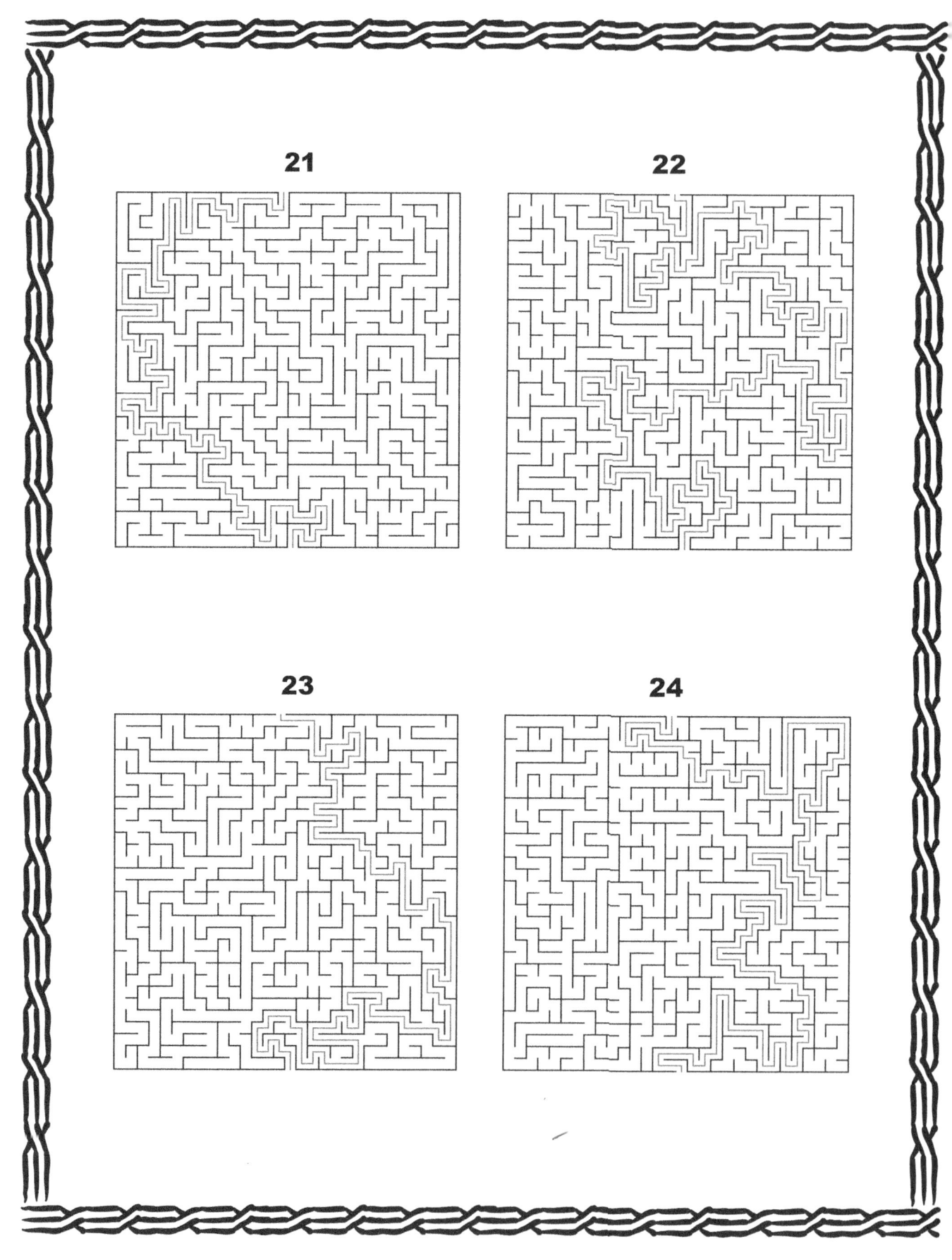

**21**

**22**

**23**

**24**

**25**

**26**

**27**

**28**

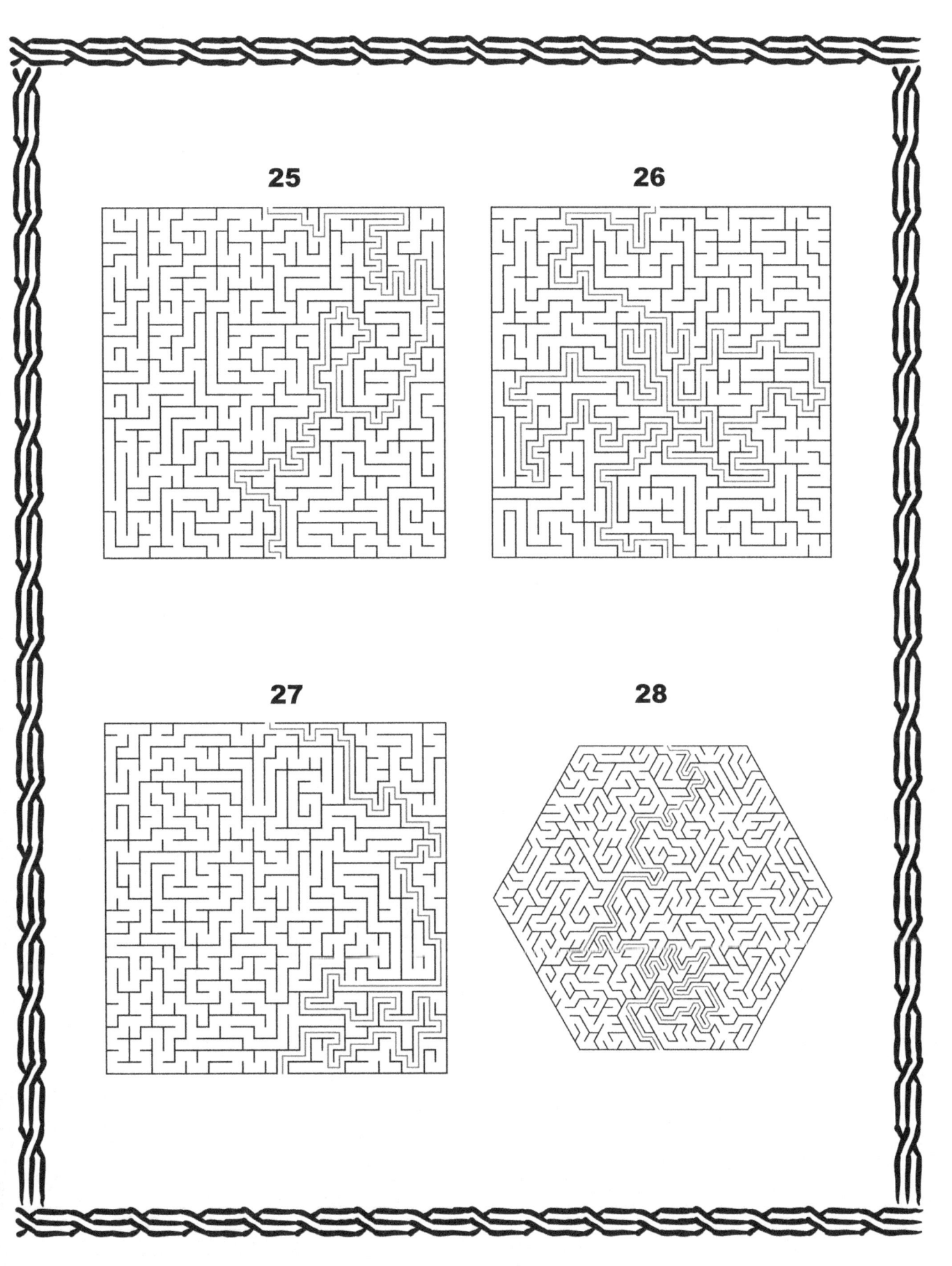

**29**

**30**

**31**

**32**

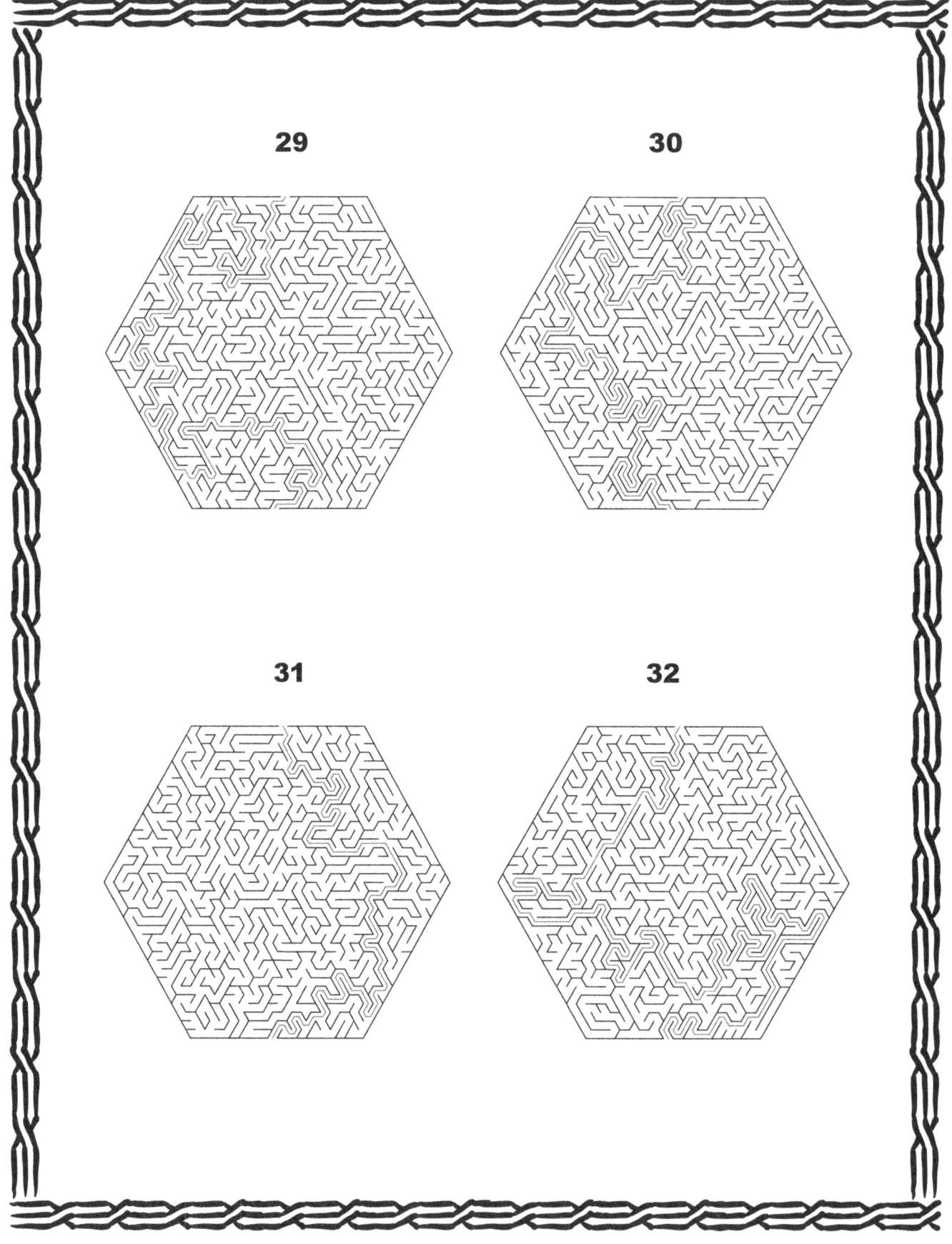

**33**

**34**

**35**

**36**

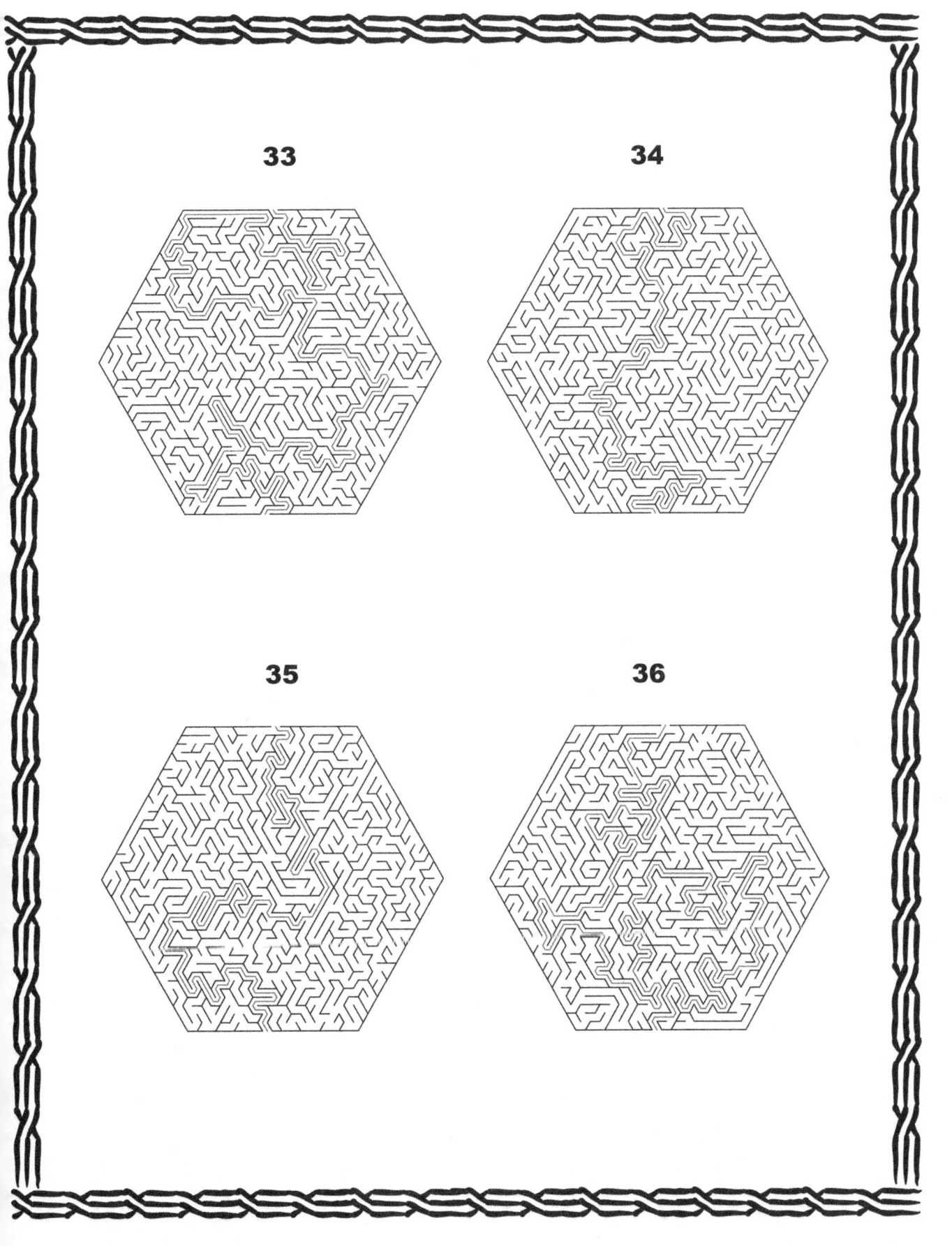

**37**

**38**

**39**

**40**

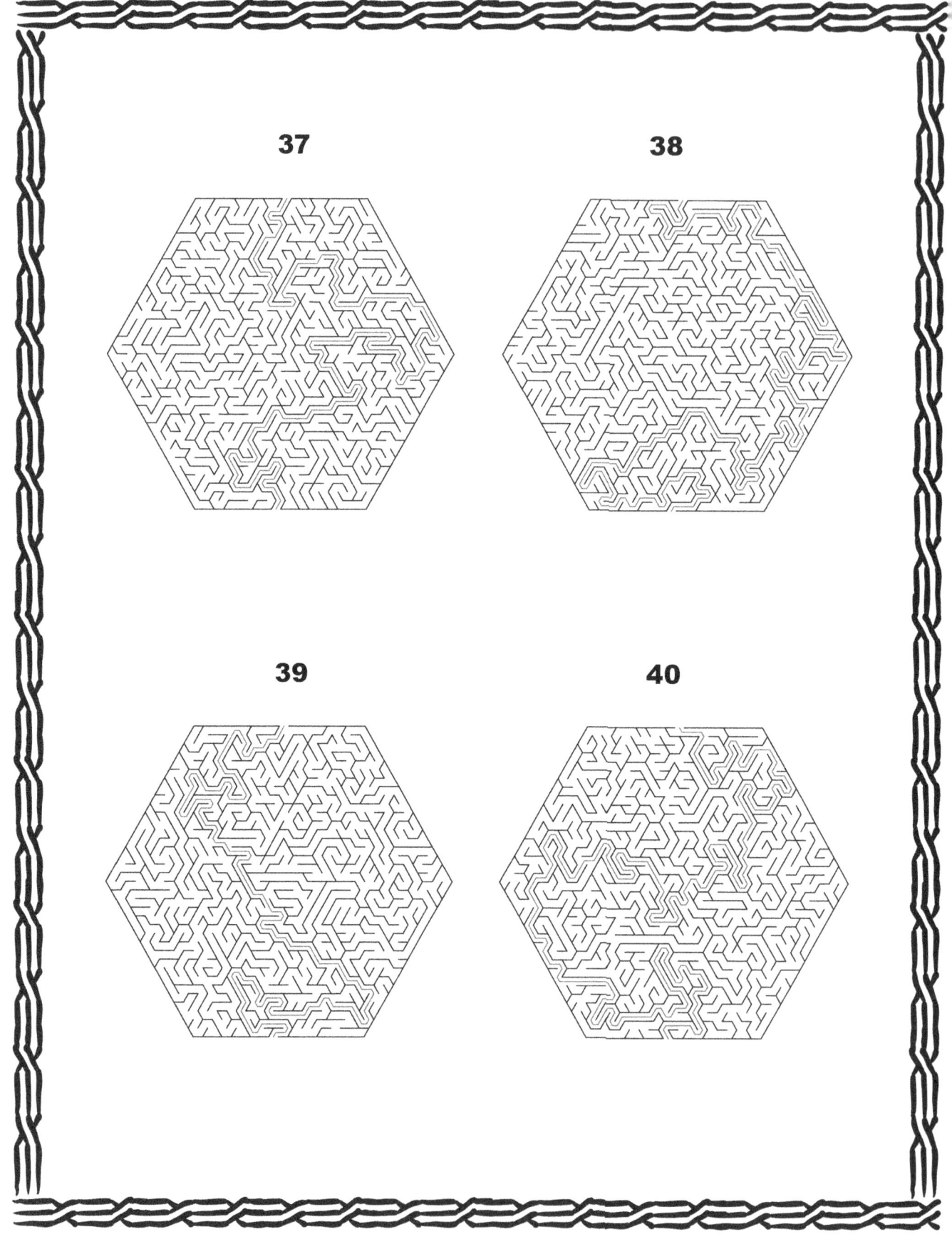

**41**

**42**

**43**

**44**

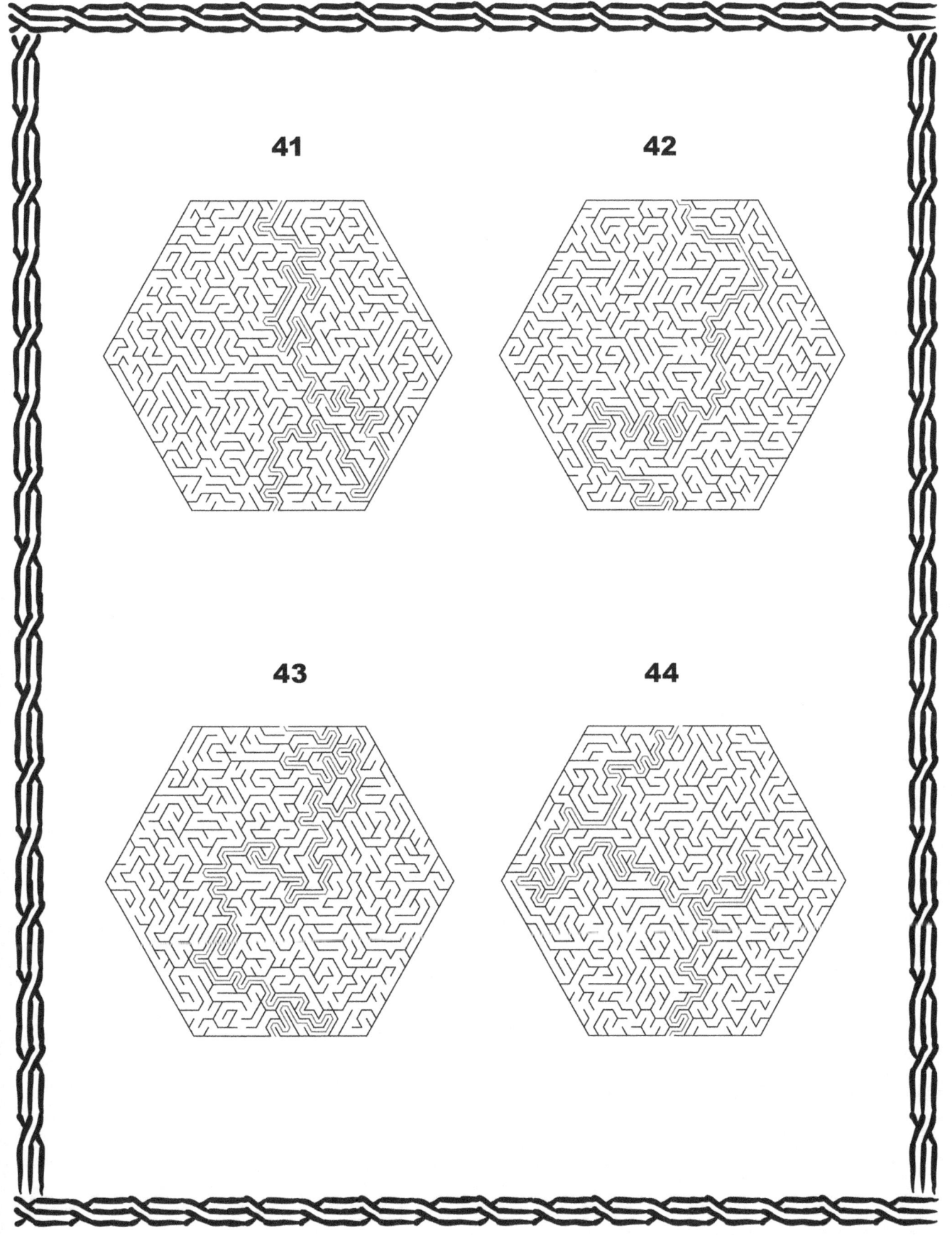

**45**

**46**

**47**

**48**

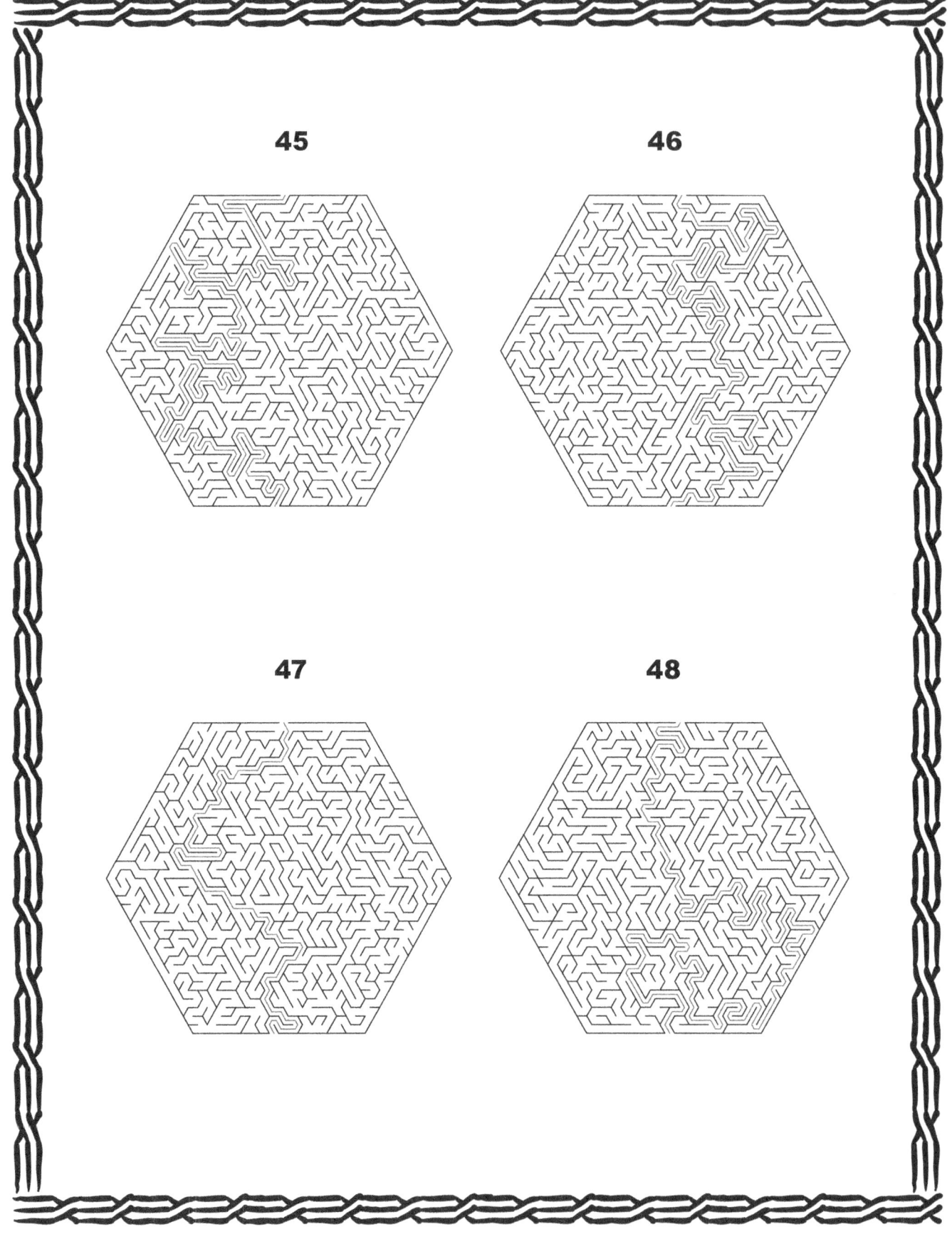

**49**

**50**

**51**

**52**

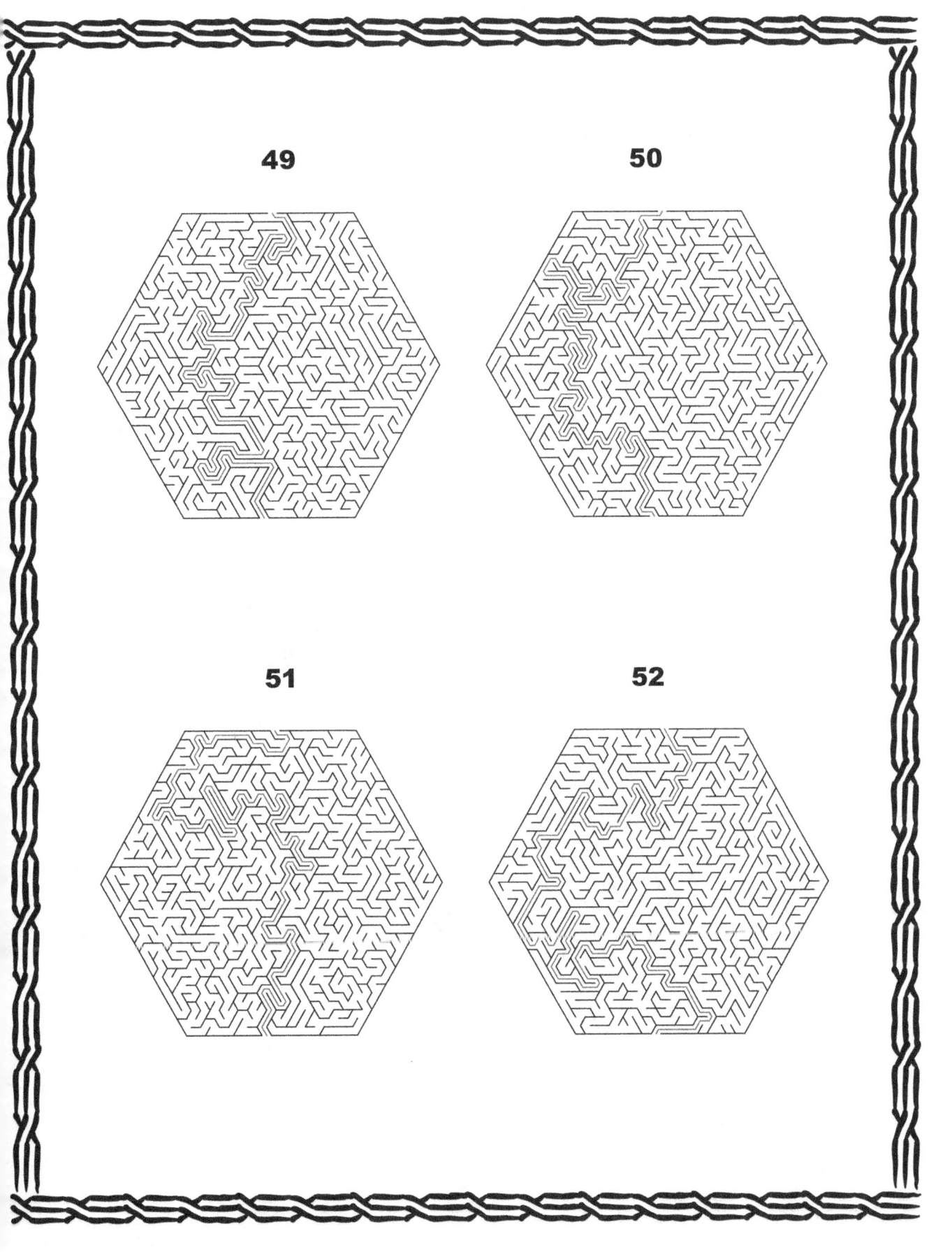

**53**

**54**

**55**

**56**

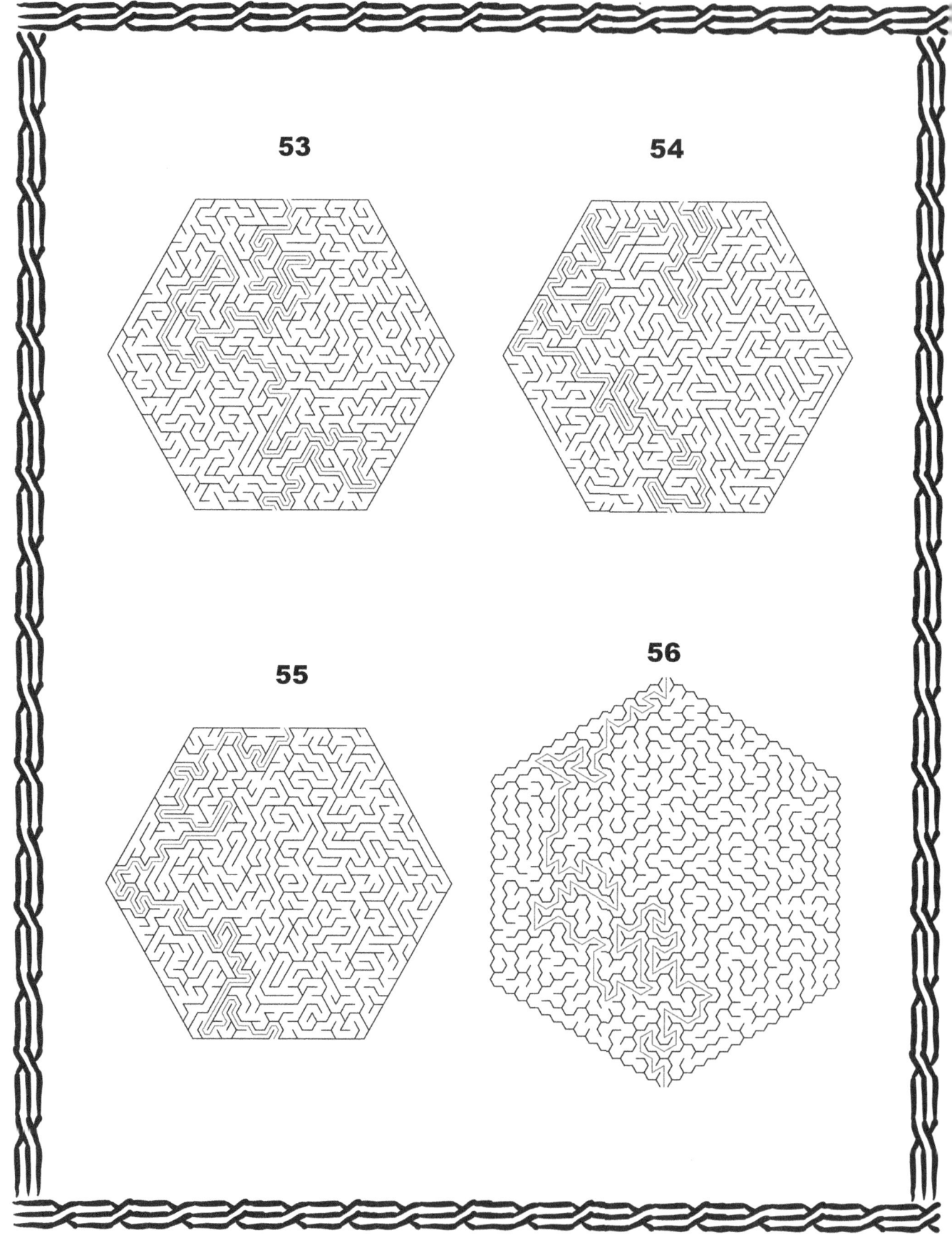

**57** **58**

**59** **60**

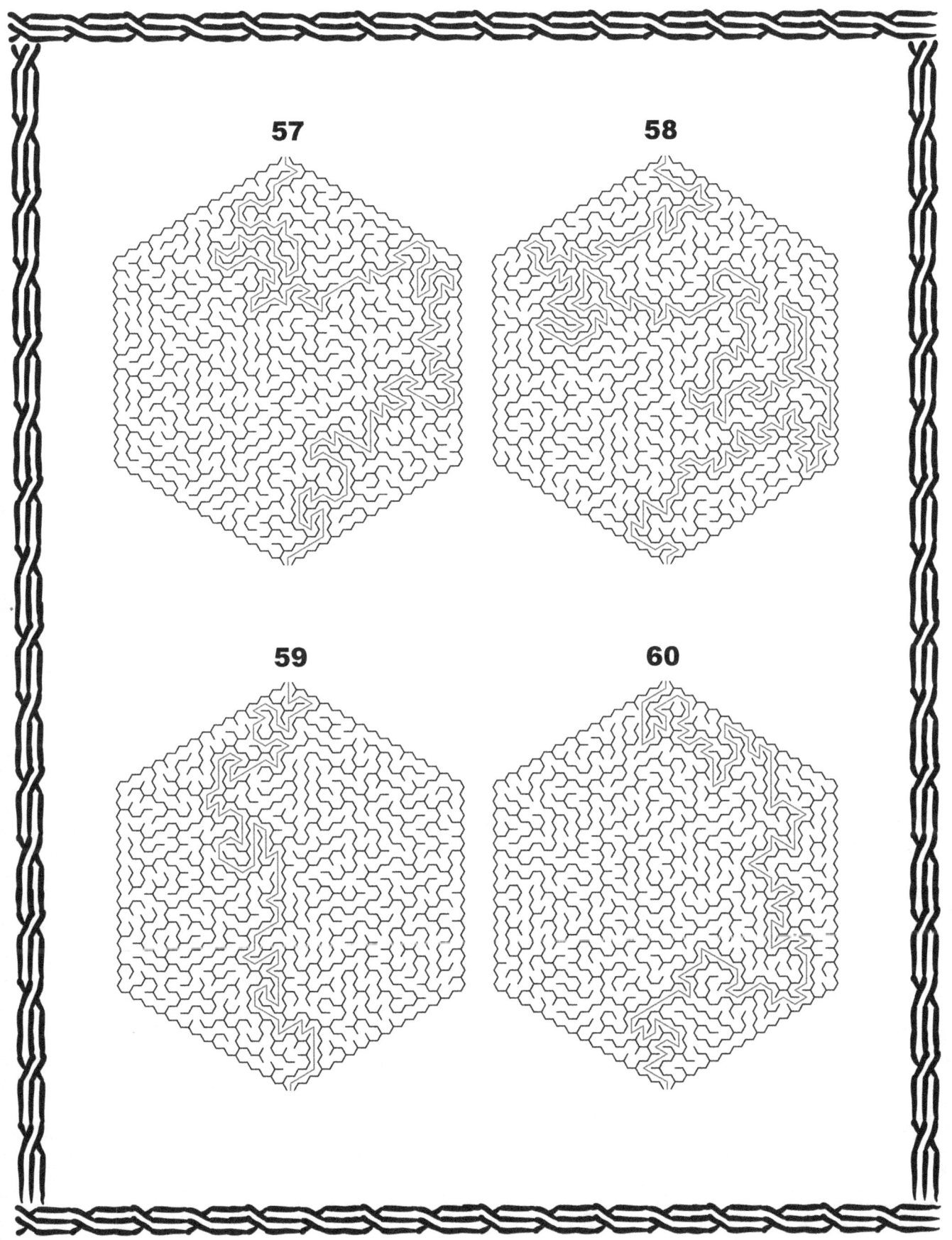

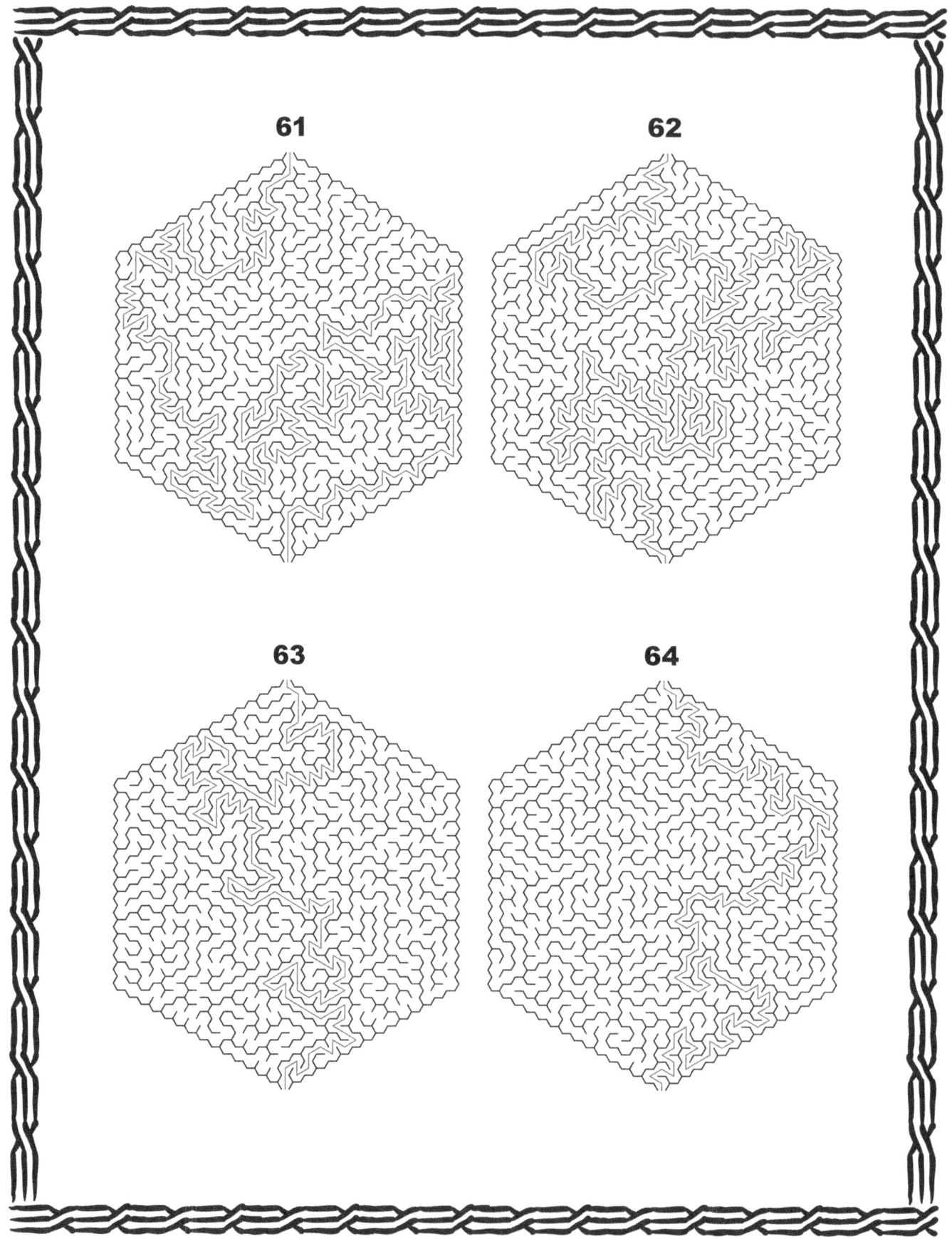

61

62

63

64

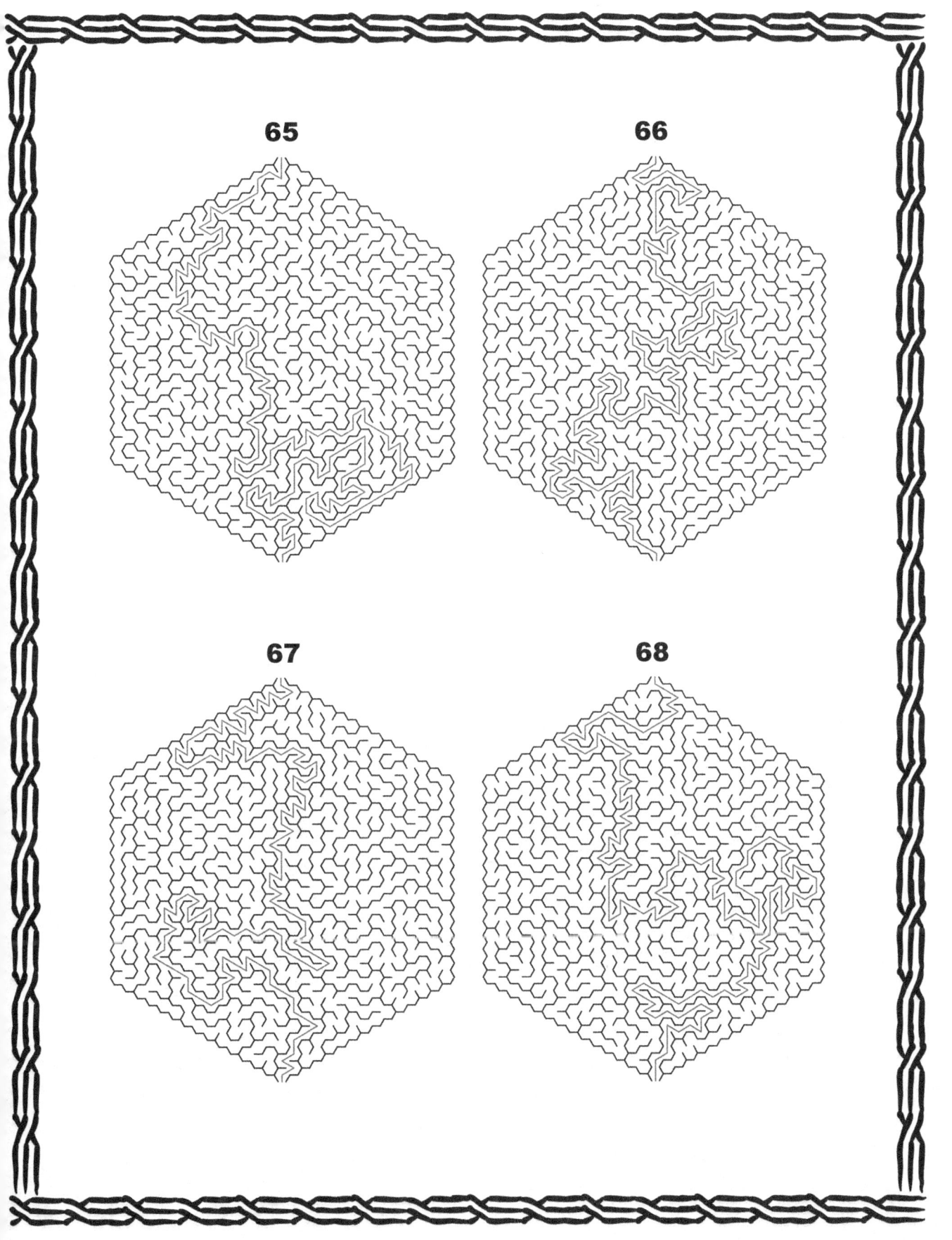

65

66

67

68

**69**

**70**

**71**

**72**

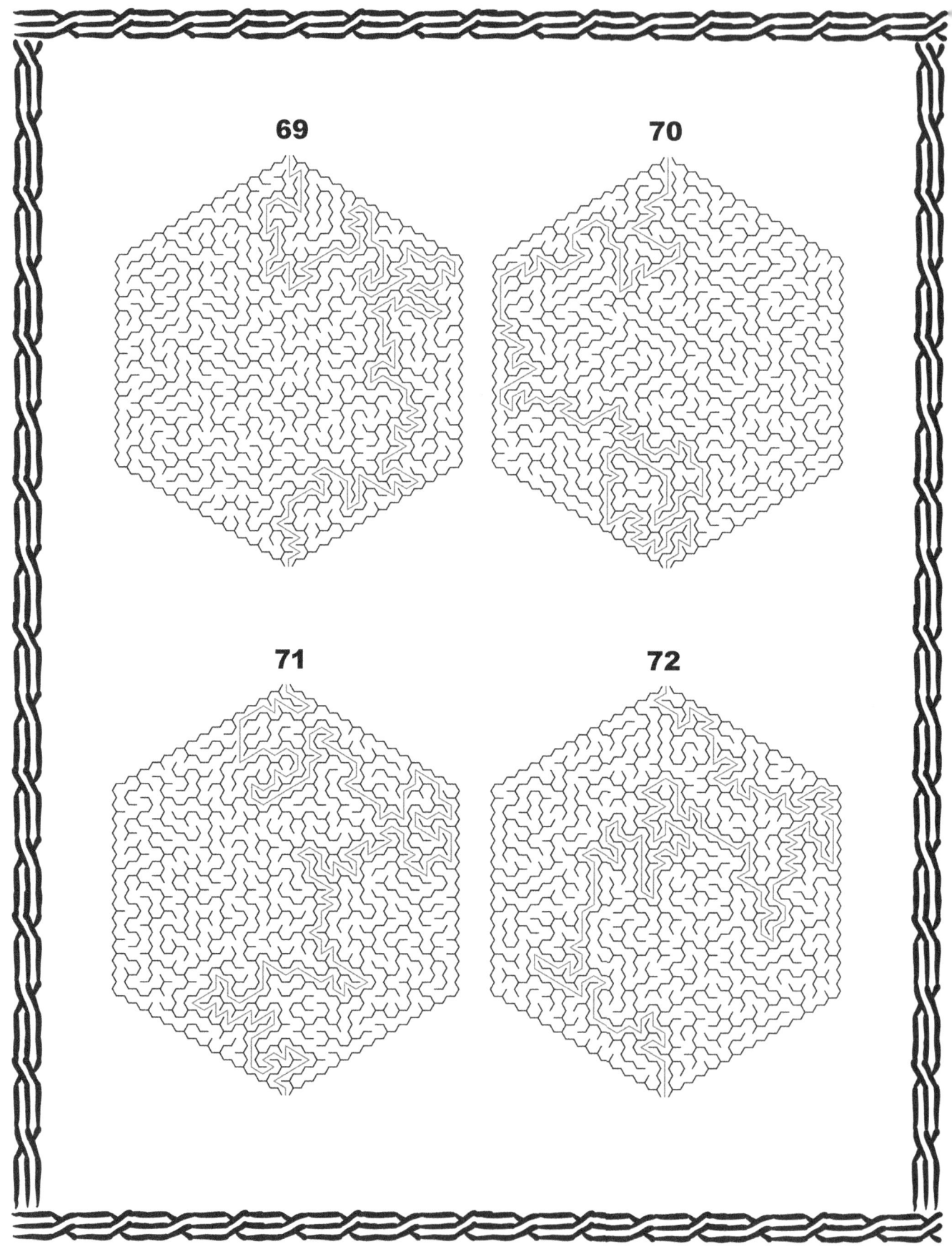

**73**

**74**

**75**

**76**

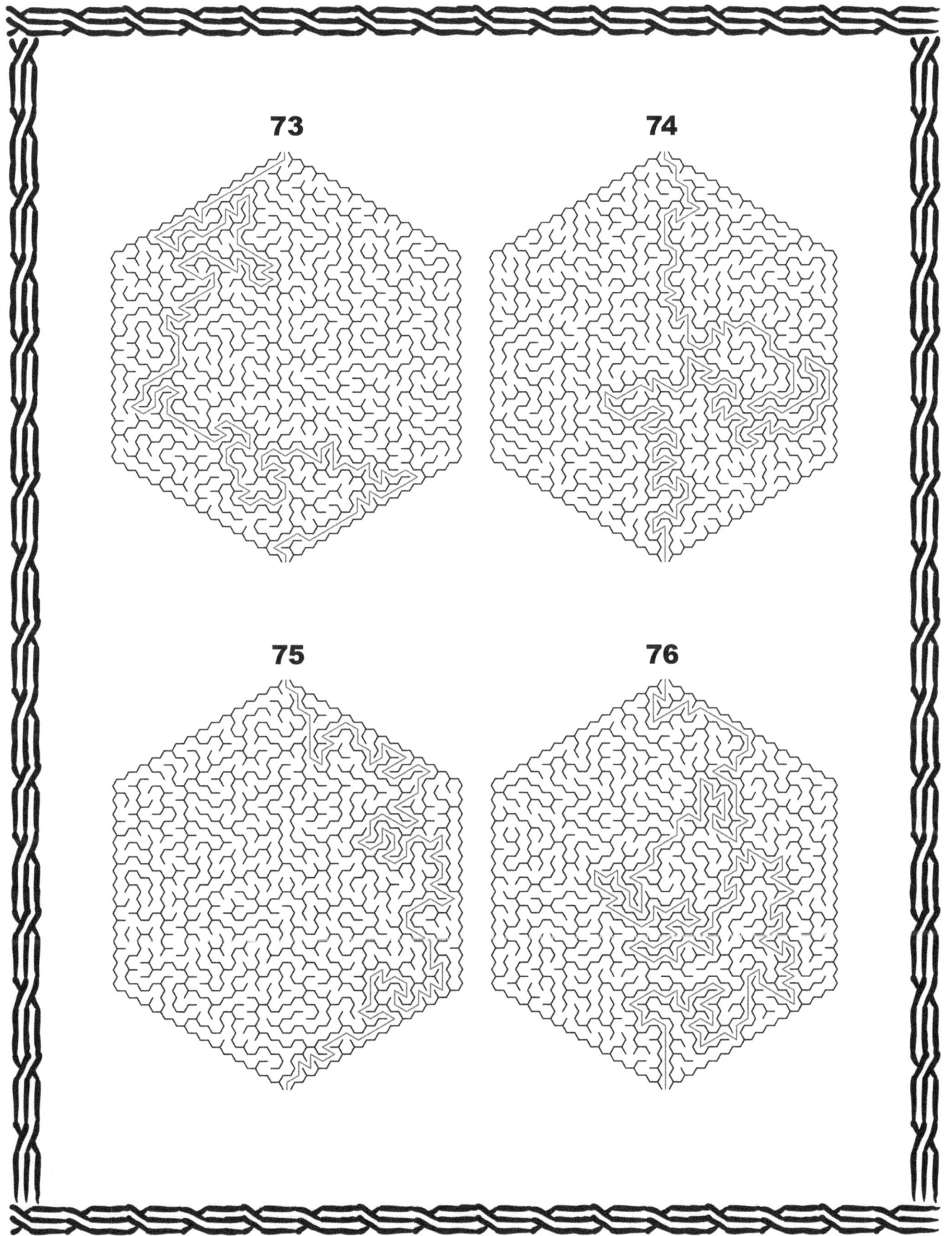

**77**

**78**

**79**

**80**

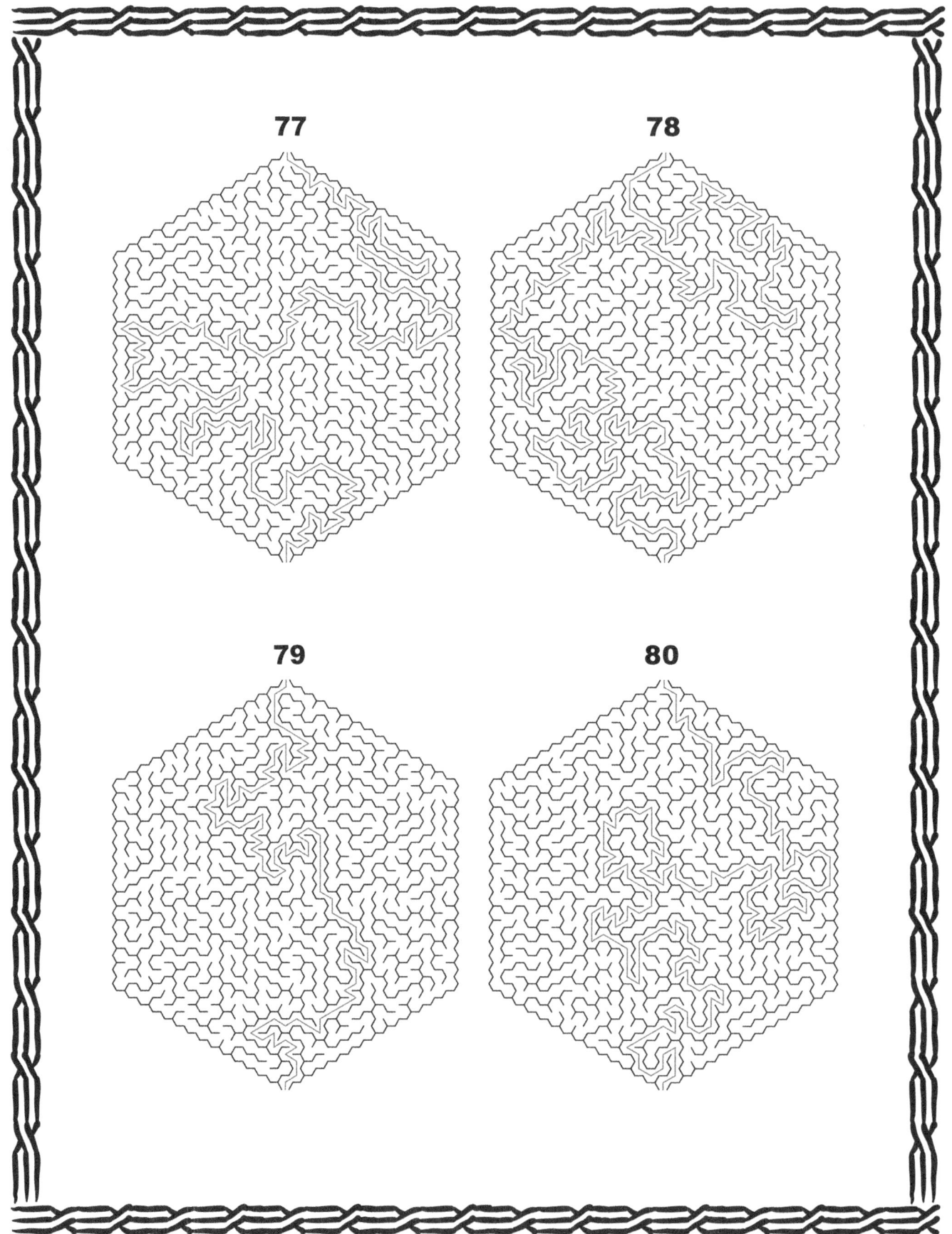

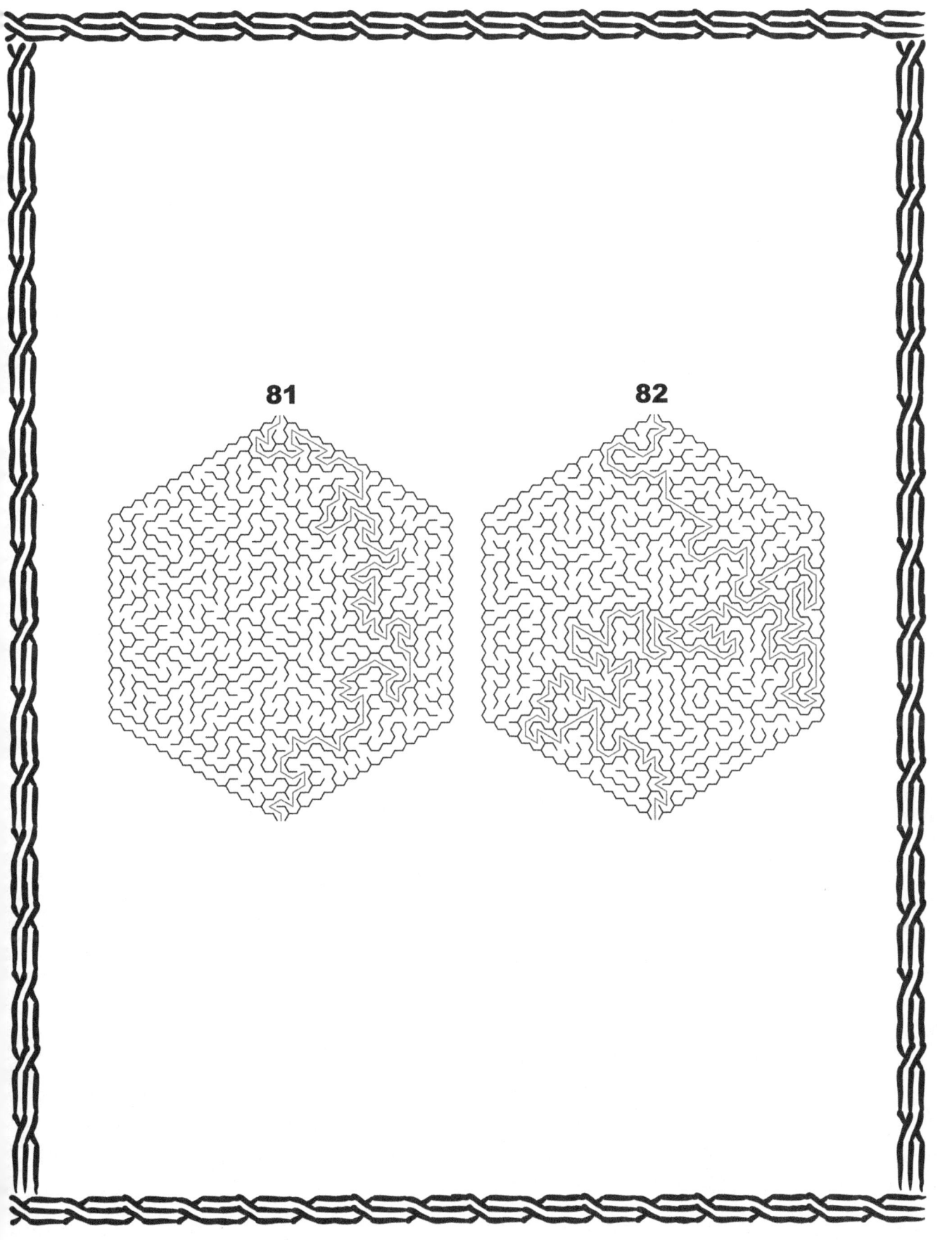

**81**

**82**

Made in the USA
Monee, IL
07 July 2026

56545664R00059